LE PETIT RETZ DE L'ISLAM

PAUL BALLANFAT

D1387402

EDITIONS
RETZ

2, rue du Roule - 75001 Paris

Ce petit livre a pour but de définir certaines réalités spirituelles, sociales, historiques au public occidental. L'ampleur du sujet rendait impossible d'envisager une présentation exhaustive de l'Islâm, son histoire, sa culture, ses valeurs. La sélection des thèmes a été guidée par deux objectifs, répondre à des questions de base et fournir des points de repère à des problèmes plus complexes.

Il était souvent difficile de donner des définitions précises sans replacer les notions dans leur contexte culturel, historique, sans mettre en évidence l'évolution des concepts et leurs différence en fonction des courants d'idées. C'est pourquoi certaines notions donnent lieu à des développements importants.

On s'est efforcé de transcrire les termes conformément à la prononciation et à l'orthographe arabe, turque ou persane. Etant donné l'impossibilité d'utiliser les points diacritiques, certaines lettres, dont la prononciation diffère en arabe, sont transcrites de la même façon en français. Le 'ayn et le hamza sont représentés par une même apostrophe ; le *dh* se prononce comme le *the* anglais, le *gh* se prononce *r*. Le *sh* transcrit le son *ch* ; le *ch*, le son *tch* ; le *h* est une aspiration ; le *j* doit se prononcer *dj* ; le *kh* comme la *jota* espagnole ; le *s* correspond au son *ss* français ; les accents sur les voyelles les allongent ; le *u* se prononce *ou* ; le *ü*, *u* et le *ï*, le *ı* sans point du turc. Le mot *Imâm* avec la majuscule désigne les Imâms shî'ites, différents du desservant de la mosquée, l'*imâm*, avec une minuscule, qui dirige la prière à la mosquée.

Les dates sont présentées selon la chronologie musulmane ou hégirienne (dans ce cas elles sont suivies d'un *h*) et selon le calendrier occidental.

A

'ABBÂSSIDES

Dynastie khalifienne de 132h./750 à 668h./1258 tirant son nom de l'oncle du prophète Al-'Abbâs b. 'Abd al-Mottaleb b. Hâshem. Emanation de la secte shî'ite extrémiste Rawândiyya, la propagande 'abbasside débuta intensivement vers 100h./718. L'Imâm Ibrâhîm, descendant de al-'Abbâs, délégua dans le Khorâsân Abû Muslim* qui devait diriger la révolte jusqu'à la conquête de Kûfâ en 132h./749. Lors de la prise de Kûfâ, Ibrâhîm fut tué par le khalife omayyade* Marwân et c'est donc son frère 'Abû'l-Abbas qui fut salué du titre de khalife*. En 132h./750 la bataille du grand Zâb marqua la victoire totale des Abbassides et Marwân fut tué peu après en Egypte.

Il est possible de distinguer deux périodes fondamentales.

La première, de 132h./750 à 334h./945, est l'apogée du pouvoir 'abbasside. Les 'Abbassides choisissent l'orthodoxie religieuse. Du khalifat d'al-Mansûr, le fondateur de Baghdâd en 183h./803, au règne du khalife Hârûn al-Rashîd, les Barmakides, bouddhistes convertis originaires d'Asie centrale, gouvernent et renforcent les influences persanes dans le khalifat. Le règne de Hârûn al-Râchîd est un tournant marqué par la chute de la dynastie barmakide mais aussi par le recul du khalifat. En fait dès 756 l'Espagne est indépendante, ainsi que toute l'Afrique du Nord à partir de la fin du VIIIᵉ siècle, l'Egypte exceptée. Des dynasties locales font aussi leur apparition en Iran en même temps que le désordre financier s'aggrave et que se renforce le pouvoir des militaires d'origine turque dans le khalifat.

Dans le sud de l'Irâq, la révolte des esclaves noirs, Zanj, menace Baghdâd en 877. Al-Mu'tadîl restaure alors l'ordre, écrasant en 270h./883 cette révolte et limitant la poussée des dynasties iraniennes et égypto-syriennes des Safâvides et des Tulunides. Cependant lors de l'avènement du nouveau khalife, al-Muqtadir, un enfant de treize ans, la révolte qarmate reprit encore plus fortement à partir de Bahrayn ; dans le même temps se crée le khalifat fatimide* en Tunisie puis en Egypte de même qu'en Irân et en Syrie de nouvelles dynasties indépendantes s'installent. Cette première partie du khalifat est la période que l'on considère comme classique dans l'Islâm ; elle est caractérisée par un essor économique et intellectuel remarquable.

Le déclin des 'Abbâssides
La deuxième période s'ouvre sur la prise de pouvoir par le Bûyide Mu'izz al-Dawla à Baghdâd en 344h./945 et va jusqu'à la conquête mongole de 656h./1258. Elle est marquée par l'effondrement progressif du pouvoir khalifal et la toute-puissance des dynasties d'amîr al-Umarâ', titre conféré par le khalife au dirigeant du khalifat. Les Bûyides shî'ites du Daylâm étaient à l'origine trois frères dont le père, Bûyeh, donna son nom à la dynastie qui devait subsister à la tête des gouvernements successifs jusqu'en 1055. Ils tentèrent de faire accepter le shî'isme duodécimain comme un *madhhab** supplémentaire aux côtés des madhhabs sunnites en créant une école shî'ite et en stimulant la constitution doctrinale du shî'isme. Ils rénovèrent les sanctuaires shî'ites et encouragèrent la renaissance littéraire iranienne dont l'œuvre la plus caractéristique est celle de Firdawsî. Le morcellement du pouvoir entre les divers membres de la famille, le poids de l'armée, l'affaiblissement financier, leur origine religieuse finirent par provoquer la grande réaction sunnite. L'expérience bûyide s'acheva définitivement lors de la prise du pouvoir par le sultan turc seldjoukide Tughrul bey en 447h./1055. Le grand sultan seldjoukide se fit le défenseur du sunnisme par la création de réseaux de madrasa (instituts d'enseignement supérieur) et la persécution systématique des shî'ites. La fin du grand sultanat, vers 1180, permit au khalife al-Nasîr de tenter de restaurer la puissance khalifale, mais ses successeurs furent incapables de maintenir cette politique et finalement le général mongol Hulagu, successeur de Gengiz Khân prit et détruisit Baghdâd en 656h./1258 mettant un terme au khalifat.
Le mandube Baybar installa les khalifes 'abbâssides en Egypte en 656h./1261 pour conférer une légitimité au régime mais en leur ôtant tout pouvoir. En 1517, le dernier khalife, al-Mutawakkil, fut déposé par le sultan ottoman* Yavuz Sultan Selim 1er (1512-1520), à la suite de la conquête de la Syrie et de l'Egypte.

Califes de la dynastie abasside

al-Saffâh	750-54	al-Râdî	934-40
al-Mansûr	754-75	al-Muttaqî	940-44
al-Mahdî	775-85	al-Mustakfî	944-46
al-Hâdî	785-86	al-Mu'tî'	946-74
al-Rashîd	786-809	al-Tâ'i'	974-91
al-Amîn	809-13	al-Qâdir	991-1031
al-Ma'mûn	813-33	al-Qâ'im	1031-75
al-Mu'tasim	833-42	al-Muqtadî	1075-94
al-Wâthiq	842-47	al-Mustazhir	1094-1118
al-Mutawakkil	847-61	al-Mustarshid	1118-35
al-Muntasir	861-62	al-Râshid	1135-36
al-Musta'în	862-66	al-Muktafî	1136-60
al-Mu'tazz	866-69	al-Mustanjid	1160-70
al-Muhtadî	869-70	al-Mustadî'	1170-80
al-Mu'tamid	870-92	al-Nâsir	1180-1225
al-Mu'tadid	892-902	al-Zâhir	1225-26
al-Muktafî	902-8	al-Mustansir	1226-42
al-Muqtadir	908-32	al-Musta'sim	1242-1258
al-Qâhir	932-34		

ABLUTIONS

La prière telle qu'elle est établie par le Qorân* nécessite un état de pureté corporelle. Les ablutions ont le sens d'une purification spirituelle précédant la prière. Elles nécessitent une propreté préalable absolue.. Les ablutions se pratiquent au moyen d'eau ; elles consistent à se laver les mains après avoir prononcer une formule propitiatoire, la bouche, le nez, le visage, puis les bras jusqu'au coude ; on passe ensuite les mains sur le sommet de la tête, puis on se lave les oreilles, le dos des oreilles, puis les pieds jusqu'aux chevilles. En état de purification on ne peut avoir de contact avec des choses impures, ni se polluer sans devoir tout recommencer.

ABRAHAM

Voir Ibrâhîm.

ABÛ MADYÂN

Célèbre mystique andalou né en 520h./1126 près de Séville dans une famille pauvre. Il étudia à Fès sous la direction de grands maîtres puis fit un long voyage en Orient pour y parfaire sa formation. Il revint en Afrique du Nord pour s'installer à Bougie. Invité par le sultan du Maroc Abû Yûsûf Ya'qub al-Mansûr, il mourut en chemin à Tlemcen où il est enterré. Son tombeau est jusqu'à nos jours un lieu de pèlerinage important. C'est par les récits et les sentences transmises par ses disciples que son œuvre est connue.

ABÛ MUSLIM

Il fut le chef du mouvement révolutionnaire 'abbasside au Khorâsân, qui devait provoquer la chute de la dynastie ommayade en 750. Il fut très tôt lié à des groupes shî'îtes, dits extrémistes, et fut finalement envoyé au Khorâsân pour diriger l'insurrection. A partir de la conquête de Marv en 747h./748 (130h.), ses troupes poursuivirent les 'Omayyades vers l'Ouest jusqu'à leur écrasement. Devenu gouverneur du Khorâsân après la victoire 'abbasside, sa réputation était tellement étendue que le khalife al-Mansur l'invita à la cour où il le fit assassiner traîtreusement.

ABÛ SA'ÎD

Mystique persan né à Mayhana au Khorâsân le 7 décembre 967. Il reçut l'investiture mystique des mains du soufi Solâmî. La première partie de sa vie fut consacrée à une ascèse complète accompagnée d'isolement et de mortifications, cela jusque vers ses 40 ans. Puis il se mit au « service des pauvres ». Son goût pour les séances de *samâ'** et les divertissements qu'il organisait pour ses disciples, en fit un personnage très controversé. Il est mort dans sa ville natale le 12 janvier 1049.

ADAM

Considéré comme le père du genre humain, Abû'l-Bashar. Il est créé pour être le représentant *(khalifa)** de Dieu sur la terre. Dieu enseigne à Adam les noms des choses, et celui-ci les transmet aux anges. Ceux-ci reçoivent l'ordre de se prosterner devant Adam qui a le premier rang dans la création. Iblis refuse car Adam est créé « d'argile séchée et de boue noire pétrie ». Il est alors maudit et investi de la mission d'être le tentateur pour l'homme jusqu'au terme. La création est l'effet de l'isolement divin qui conduit Dieu à désirer se faire connaître.
Selon la conception shî'ite, avant la création d'Adam, est déjà créée la face de Dieu qui est l'ensemble des Quatorze Imma-

culés. Ces Quatorze Immaculés sont les quatorzes êtres de lumière entourant le trône divin ; d'eux proviennent le Lieu des Lieux, puis le trône cosmique, les cieux, les anges, l'air, les génies, et enfin l'Adam terrestre. Il faut donc distinguer un Adam al-Akbar, primordial, d'un Adam al-Asghar, créé d'une portion de la lumière prophétique et d'une portion d'argile tirée de la plus haute partie du paradis (Illiyûn). Cette lumière est la double lumière de la prophétie* et de la Walâya.*

Le personnage d'Eve n'est que très peu cité dans le Qor'ân, et toujours en tant qu'épouse d'Adam. L'Adam terrestre apparaît comme une dualité androgyne dans les personnes d'Adam et d'Ève d'où procèdent les générations humaines par voie nuptiale.

La chute d'Adam

La possibilité de la chute d'Adam est déjà inscrite dans sa nature même dans la mesure où elle intègre la lumière prophétique. Entre la création de l'Adam primordial et celle de l'Adam terrestre intervient le pacte sous la forme de la question posée par Allâh, le jour dit de l'Alliance (mithâq) « Ne suis-Je donc pas votre Seigneur ? » (a-lastu bi-Rabbikum), pacte répété à chaque étape de la création. Adam va accepter de supporter le dépôt divin : « Nous avons proposé le Dépôt aux cieux, à la terre et aux montagnes ; ils en ont été effrayés et ont refusé de le porter alors que l'Homme s'en est chargé car il est violent et ignorant » (Qor. 33:72). Ce dépôt, c'est le *tawhîd* * (l'unification de l'unique) qui consiste à ne voir l'être qu'en Dieu ; or celui-ci est donné dans la walâya, il est le secret de son être. La *walâya* * c'est précisément l'arbre de la connaissance dont Adam mange le fruit sur la suggestion d'Iblîs, le diable. La transgression réside en ceci : Adam tente de dépasser sa condition en prétendant à la connaissance de Dieu sans passer par les symboles. Or cette connaissance directe est le propre des Quatorze Immaculés dont l'avènement ne peut avoir lieu qu'au moment de la parousie. En transgressant la limite de ses possibilités, il rabaisse le connaissable à son rang et en nie donc la réalité.

La chute d'Adam est considérée comme transitoire et ne saurait avoir des conséquences ontologiques définitives pour la nature de l'homme. La chute est aussi le moment où Dieu établit ses prescriptions pour le culte qu'Adam doit lui rendre. Lors-

qu'Adam sort du paradis, la réalité prophétique mohammadienne descend à lui comme Verbe sous la forme d'un Livre
révélé. Adam inaugure donc le cycle de la révélation en étant
l'initiateur de la Loi (*sharî'a**), son fils Seth, dépositaire de
l'ésotérique de la prophétie, inaugure donc le cycle de la
*walâya** en tant que premier Imâm* de son temps.

Voir hiérarchie spirituelle

ADHÂN

Mot désignant l'appel à la prière du vendredi et aux cinq prières
quotidiennes. Le mot *muezzin* dérivant de cette racine désigne
celui qui est chargé de faire l'appel. Selon la tradition, cette
institution daterait de l'an 1 ou 2 de l'hégire. Le prophète et ses
compagnons délibérant de la meilleure manière d'annoncer les
heures de prière, un certain Abd allah b. Zayd aurait décrit un
de ses rêves dans lequel il aurait vu quelqu'un appeler à la prière
du toit d'une mosquée. Sur la recommandation de 'Umar, on
adopta cette pratique. Le premier muezzin fut Bilâl. Le adhân
est constitué de sept formules pour les sunnites, huit pour les
shi'îtes et ne comporte pas de mélodie fixe. A l'adhân succède
un deuxième appel, l'iqâma, composé des mêmes formules et
précèdant immédiatement la prière de la mosquée.

AFGHÂNÎ Jamâl al-dîn Al-

Initiateur du mouvement réformiste musulman au XIXe.siècle,
homme d'action à la fois penseur, orateur et journaliste. Sa
pensée est fondée sur la nécessité de trouver une réponse au
colonialisme européen dans le monde musulman. Né en 1838-39
à As'adabâd dans le district de Kabûl en Afghânistân, il était
seyyed mais de rite *hanafite**. Infatigable voyageur, il alla au
Caire en 1871 où il réunit autour de lui Mohammad 'Abduh, le
célèbre réformateur égyptien, et Sa'ad Zaghlûl, figure mar-
quante de la lutte pour l'indépendance égyptienne. Il encouragea la fondation de journaux où il écrivit lui même et fonda une
loge maçonnique regroupant la frange nationaliste la plus ar-
dente. Expulsé par les Anglais en 1879, il gagne l'Inde puis,
après l'intervention militaire britannique en Égypte en 1882,
l'Europe où il mène des activités de journaliste antibritannique.
En 1885 Mohammad 'Abduh se sépare de lui choisissant une
voie plus progressive dans l'action politique. Invité en Iran, il y
est persécuté et enlevé sur ordre du Shâh en dépit du droit

d'asile. Il inspire alors le boycottage du tabac en Iran. Invité à Istanbul par le sultan Abd'ül-Hamit II qui veut promouvoir le panislamisme il y mourra quasiment en résidence surveillée le 9 mars 1897. Père de l'anticolonialisme musulman, apôtre du panislamisme devant aboutir à un khalifat musulman unique, condamnant les souverains musulmans jugés peu résistants face à l'agression européenne, il fut à l'origine du réformisme musulman, l'Islâh, et plus indirectement des frères musulmans.*

AHAD

L'Un, caractère principal de Dieu, affirmé régulièrement dans le Qor'ân. Ahad indique l'unité essentielle de Dieu ; il est en lui-même un et indivisible. Par ailleurs le Qor'ân affirme l'idée que Dieu, celui qui se révèle dans la prédication du prophète Mohammad* est l'unique, le seul Dieu, « wahîd » (sourate* 112, « al-Ikhlâs », que tout musulman connaît).

L'affirmation de l'unité divine (ahad) est renforcée par le nom divin *samad*, qui signifie la non-fissibilité de l'unité divine et proclame en même temps le mystère qu'est cette unité sans partage. Elle porte implicitement la condamnation totale de la trinité chrétienne, qui établit des scissions dans l'unité divine, et la condamnation de la position chrétienne affirmant la divinité de Jésus dans le verset : « Il n'a pas engendré et n'a pas été engendré ». Al-Ahad désigne l'unité divine ontologiquement comme le mystère, il est différent de al-Wahîd qui désigne une unité arithmétique.

AHL AL-BAYT

Expression qui désigne la famille du Prophète. Les shî'ites ont une vénération particulière pour la famille du prophète dont les *Imams** sont issus. Dans une version shî'ite du « Sermon de l'adieu », Mohammad affirme que Dieu a donné au monde deux gardiens le *Qor'ân* et la *Sunna** ; une seconde version remplace Sunna par la famille du Prophète. Pour la tradition shî'ite la parenté charnelle avec le Prophète ne saurait en aucune façon fonder le rang spirituel des membres de la maison. La véritable parenté est spirituelle (nisbat ma'nawiyya). Deux traditions du Prophète résument le sens à donner à cette filiation. « Moi et 'Alî, nous sommes une seule et même lumière » ; « Nous étions, moi et 'Alî, une seule et même lumière devant Allâh, quatorze mille ans avant qu'il eût créé

Adam ». C'est cette Lumière, double lumière de la *Prophétie**
et de la *walâya**, qui, transmise de génération en génération
depuis la création d'Adam jusqu'à Abd al-Mottaleb, l'aïeul de
Mohammad et de 'Alî, assure l'authenticité de la mission et
l'unité secrète des gens de la maison. Certains commentateurs
du Qor'ân appellent les gens de la maison *Al-Yâsîn* ou encore
Al-Tâsîn du nom des lettres ouvrant certaines sourates du
Qor'ân pour mettre en évidence leur identification aux Quatorze Immaculés, le Prophète, sa fille Fâtima Zahrâ' et les douze
Imâms.

AHL AL-KISA'

« Ceux du manteau » désigne les cinq membres de la famille du
Prophète incluant celui-ci ainsi que 'Ali, Fâtima, Hasan et
Hoseyn. Lors de la proposition d'ordalie, la Mobâhala, faite
aux chrétiens à Najrân en 10h./631, le Prophète, un matin,
aurait pris sous son manteau Fâtima puis 'Ali, Hasan et Hoseyn
et leur aurait récité ce verset coranique « Dieu désire seulement
vous débarrasser de l'impureté, gens de la maison, et vous
purifier totalement ». Il s'agit ici, selon l'interprétation shî'ite,
de la perte du khalifat visible au profit du khalifat invisible
dévolu à la famille du Prophète et donc d'une fondation explicite de l'Imâmat.
Le but de la mobâhala, qui réunissait des chrétiens et ceux « du
manteau » sur la proposition du Prophète, était de prier Allâh
de faire un signe évident pour départager les conceptions
respectives à propos de la nature du Christ. La rencontre eut
lieu près d'une dune rouge où les cinq prirent place. Le
Prophète avait fait tendre entre deux arbres une grande pièce de
tissu servant de portique derrière laquelle il prit place, sa fille
Fâtima derrière lui, à sa droite 'Alî, et à sa gauche les deux
enfants de celui-ci, Hasan et Hoseyn. Au dernier moment les
chrétiens renoncèrent à participer à ce jugement. Le symbole
du manteau qui réunit les cinq membres de la famille du
Prophète et au-delà les neuf Imâms qui leur succédèrent a une
importance telle qu'il est dit devoir être porté par le douzième
Imâm au jour de la parousie.

AHL AL-KITÂB

Les « gens du livre », terme qorânique désignant les juifs, les
chrétiens, et, dans une moindre mesure, les zoroastriens, dont
la religion repose sur l'Avesta, et les sabéens de Harran en

Mésopotamie. Le nom regroupe en définitive tous ceux qui détiennent les livres révélés, descendus du ciel. Si la continuité entre l'islâm et les gens du livre est soulignée, la position du Qor'ân vis à vis des chrétiens et des juifs a évolué vers une condamnation radicale, après avoir admis un moment qu'ils pouvaient faire leur salut par l'observance de leur propre religion. Aux juifs sont reprochées la non-observance de leurs lois, leur opposition à toute nouvelle révélation, l'opposition aux chrétiens, leurs tendances paganistes, enfin leur alliance avec les ennemis de l'islâm. Aux chrétiens les deux reproches majeurs concernent la croyance à l'incarnation du Christ considérée comme un anthropomorphisme, tashbîh, et le dogme de la trinité considéré comme une forme de polythéisme associant à Allâh un autre que lui-même, shirk. De plus la tradition souligne l'accusation portée contre les gens du livre selon laquelle ils auraient falsifié leurs textes et en auraient faussé l'interprétation, notamment en ce qui concerne l'annonce de la venue de Mohammad et son identification au paraclet de l'Evangile de Jean (Jean 15:26). Jusqu'au Xe siècle on considéra les autres Evangiles comme authentiques mais sujets à réinterprétation ; après le Xe siècle on les considérera comme inauthentiques et donc à rejeter. La devise générale demeure « de ne pas faire comme les gens du livre ». Néanmoins il ne saurait y avoir ni de persécution ni de tentative de conversion forcée des ahl al-kitâb qui sont tolérés dans le cadre de la loi islamique, selon l'injonction coranique « nulle contrainte en religion ».

L'islâm se veut donc avant tout face aux deux autres traditions, dont le message originel a été altéré, une restauration du vrai culte abrahamique dans ses deux composantes ésotérique et exotérique. L'exégèse shî'ite d'un verset qorânique (Qor.5:70) traitant de la nécessité de l'observance des trois Livres saints souligne que le Qor'ân rassemble la Torah, la Loi, et les Evangiles, qui sont l'expression mystique de celle-ci, dans la mesure où il est la triple observance de la *sharî'a**, la loi, de la *tarîqa**, la voie mystique, et de la *haqîqa**, la réalité spirituelle. A ces trois plans de la réalité prophétique correspondent respectivement les trois prophètes les plus parfaits, Moïse, Jésus et Mohammad.

Ces considérations ont conduit l'islâm à définir, dès l'époque de la prophétie, un cadre juridique de la tolérance religieuse limitée toutefois aux gens du livre. Le premier statut adopté fut « le pacte de Najrân » accordé aux chrétiens par Mohammad lui-même. Plus tard le khalife omayyade 'Omar III promulgua un nouveau pacte beaucoup plus sévère pour les dhimmî*. Néanmoins la cité musulmane laissait une large place aux dhimmî, ceux-ci pouvant parvenir, selon les époques, aux plus hauts postes dans l'administration et exercer la plupart des métiers. L'attitude vis à vis de ces communautés protégées a beaucoup varié suivant les époques pour se dégrader aux moments des plus vives tensions avec les états du Dâr ol-Harb*. Dans tous ces cas, alors que les non-musulmans avaient trouvé une certaine tolérance dans le Dâr al-Islâm*, ils furent souvent accusés de servir les intérêts des puissances étrangères hostiles et parfois persécutés.

AHMAD

L'un des noms propres du prophète Mohammad. Il s'agit d'un élatif formé sur la racine hmd dont le sens est « le plus digne de louange ». Il est cité dans le Qor'ân (LXI 6), où Jésus annonce la venue après lui d'un prophète nommé Ahmad. On a voulu voir dans Ahmad la traduction du grec *periclutos* dérivé de paraclet. Avant le milieu du IIᵉh./VIIIᵉ siècle, les musulmans identifièrent le prophète Mohammad au paraclet annoncé dans l'Evangile de Jean 15 : 26.

ALCHIMIE

L'alchimie dans la pensée musulmane est une synthèse de l'hermétisme grec et des sciences de la nature de l'Irân préislamique. Le propos attribué au premier Imâm 'Alî selon lequel l'alchimie est la sœur de la prophétie* définit son sens comme une quête mystique qui vise la nature parfaite du monde. Elle est dominée par la figure de Jabîr ibn Hayyân. On attribue à celui-ci à peu près trois mille traités alchimiques. Il est difficile de cerner avec certitude le personnage. Il semble qu'il ait effectivement existé — il serait mort à Tûs dans le Khorâsân en 804 (200 h.) — mais que l'œuvre qui lui est attribuée se soit agrandie par l'adjonction d'œuvres postérieures couvrant une période allant du IXᵉ au Xᵉ siècle (IIIᵉ-IVᵉh.). L'alchimie en Islâm semble tirer son origine de l'enseignement du sixième Imâm, Ja'far al-Sâdeq. Jabîr aurait été son disciple ainsi que celui du huitième Imâm Rezâ. Les liens entre l'alchimie et le shî'isme*, duodécimain aussi bien qu'ismaélien*, sont très forts et se retrouvent dans la « science des lettres » (Jafr), dont le fondateur est précisément l'Imâm Ja'far al-Sâdeq.

Le projet alchimique est de conduire à la transmutation de l'âme qui se connaît par la détermination algébrique du rapport qu'elle entretient avec la nature matérielle. Il s'agit donc de mesurer le degré selon lequel l'âme s'est introduite dans la matière pour l'en libérer et la reconduire à son site. Cette tentative de connaître la part d'apparence et de réalité cachée dans la nature est un *ta'wîl** particulier. C'est l'objet de la science de la « balance » de Jabîr. La connaissance de la balance qui tente de cerner le rapport entre nature spirituelle et nature matérielle, ou révélée, s'applique à l'ensemble des êtres et culmine dans la « balance des lettres », l'analyse symbolique de l'alphabet mystique, par exemple l'interprétation des lettres mystérieuses notées en tête de certaines sourates du Qor'ân. Ce système d'exégèse spirituelle à partir de la signification mystique des lettres sera repris dans le soufisme à partir de sa généralisation par l'école d'*Ibn 'Arabî**. La pensée du shî'isme duodécimain a elle aussi assumé cet héritage alchimique en l'appliquant par exemple à l'analyse du corps de résurrection. L'alchimie shî'ite est particulièrement représentée par Aydamor Jaldakî, Iranien du Khorâsân, mort au Caire entre 1350 et 1361.

'ALEM

Terme qorânique désignant le monde créé par Dieu comme un des signes de sa puissance. On le divise habituellement en deux : le monde physique et le monde spirituel, 'âlam al-mulk et 'âlam al-mithâl. Le monde physique est celui de la création, éphémère. Le monde spirituel ou encore imaginal est souvent divisé en deux : le *malakût* et le *jabarût*. Le *malakût*, terme d'origine qorânique, est le monde de la souveraineté divine, sîte des réalités spirituelles (haqâ'iq), des anges, de l'esprit humain et de l'intellect. C'est le monde de l'âme, sîte des apparitions théophaniques pour le mystique, lieu de la matérialisation spirituelle des anges, appelé aussi monde imaginal et possédant une géographie propre avec les cités mythiques de Jâbalqa à l'Est, de Jâbarsa à l'Ouest, et de Hûrqalya, celle-ci en étant le pôle. Le *jabarût*, terme venant du *hadith**, monde de la toute-puissance divine, regroupe souvent les attributs et les noms divins et correspond généralement au plan de l'intellect.

'ALÎ b. Abî Tâlib

Le premier Imâm*, cousin et gendre du prophète Mohammad,
quatrième khalife, surnommé Mortazâ ; il serait né à la Mekke
entre 600 et 605. Il aurait été le deuxième croyant musulman
après Khadidja — le troisième après Abu Bakr et Khadidja
selon leş sunnites — converti à l'âge de dix ou onze ans. Très
religieux, champion des opprimés, prisonnier de tendances
politiques contradictoires, il est le point de départ du mouvement shî'ite. Il reste de lui des discours politiques, des lettres et
des hadîths rassemblés dans le *Nahj al-Balagha** par Seyyed
Razi Baghdâdî au Ve./XIe. Il épousa Fatima*, fille du Prophète.
De cette union naquirent les deux Imâms *Hasan** et *Hoseyn*.* Il
participa à presque toutes les batailles du vivant du Prophète et
sa bravoure au combat est devenue légendaire. Il servit de
secrétaire à Mohammad et remplit un certain nombre de mis-
sions diplomatiques. Lors de l'élection d'Abû Bakr au khalifat*,
il resta dans la maison du Prophète pour y préparer son
enterrement.
Mohammad aurait désigné 'Ali pour être son successeur, ce qui
conduit les shî'ites à rejeter les trois premiers khalifes Abû
Bakr, 'Omar et 'Othmân. Le khalifas d'Othmân conduisit 'Alî
dans l'opposition tout comme 'A'isha (épouse du Prophète) et
de nombreux compagnons. Après l'assassinat de 'Othmân, 'Alî
fut élu et devint le quatrième khalife, mais fut immédiatement
contesté par Mu'âwiyya, fondateur de la dynastie omayyade.*
'Alî plaça ses partisans aux postes de gouverneurs et s'occupa
tout particulièrement du petit peuple, action qui inquiétait un
certain nombre de personnages puissants.
Le conflit entre Mu'âwiyya, qui refusait de reconnaître 'Alî, et
celui-ci prenait sa source dans le meurtre de 'Othmân légitimé
par une partie des partisans de 'Alî. Les armées de 'Alî et de
Mu'âwiyya se rencontrèrent à Siffin (657). L'Omayyade voyant
les choses tourner à son désavantage fit placer au bout des
lances de ses soldats des exemplaires du Qor'ân invitant donc à
l'arrêt des combats et demandant un arbitrage. 'Alî accepta
cette proposition. Certains partisans de 'Alî se réclamant du
Qor'ân refusèrent cette solution selon la devise « Lâ hukm illâ
bi'llâh » (Aucune prescription sinon celle de Dieu) et prônèrent
la poursuite des combats ; ces dissidents se nomment les kharijites*. Ils se réfugièrent à Nahrawân. L'arbitrage se prononçant
contre 'Alî, celui-ci marcha contre les kharijites qu'il massacra à

Nahrawân avant d'attaquer Mu'awiyya. 'A'isha et Talha prirent la tête d'une armée contre 'Alî, armée qui fut détruite lors de la bataille du chameau. Un second arbitrage à Udrah prononça par trahison la déchéance de 'Alî sans choisir un *nouveau* khalife. Les défections se multipliant, 'Alî renonça à cette campagne pour se réfugier à Kûfâ où il mourut assassiné par un kharijite, ibn Moljam, d'un coup d'épée empoisonnée le 21 ramazân 40/661. Il fut enterré à Najaf, en Iraq, lieu que l'on tint secret un certain temps de crainte qu'on ne profane sa tombe.

ALLÂH

Le Dieu, unique, maître de la création, nom propre de Dieu. Dans l'Arabie préislamique il désignait parmi les autres dieux le dieu créateur. Allâh se révèle dans le Qor'ân qui est sa parole révélée au Prophète pour tous les hommes. Allâh mystérieux et absolument trancendant parle directement dans le Qor'ân de lui-même. Son unicité s'affirme dans le message qorânique contre le paganisme, le polythéisme. Allâh s'affirme comme créateur et maître du jugement. Sa création se fait selon sa volonté par l'ordre : « Sois ! » (kûn) ; il est le maître du juge-ment par sa suzeraineté sur toute chose (robûbiyya), celui qui rétribue les actes ('amal*) au jour du jugement déterminé par lui. Enfin il est le Tout-Puissant, le Tout Miséricordieux, et le Très Miséricordieux, ce qui est l'un des traits les plus constants du Qor'ân. A travers l'unicité de dieu inconnaissable et à travers sa manifestation que sont les signes, Allâh se donne comme « le Premier et le Dernier », « l'Apparent et le Caché » (Zâhir-Bâtin). Il est éternel et « il possède les plus beaux noms » qui sont au nombre de 99 dans le Qor'ân.

Des controverses naîtront sur deux types de versets ; d'abord, ceux qui juxtaposent l'absolue efficacité du décret divin (qadar) sur la liberté de l'homme et la responsabilité décisive de l'homme au jour du jugement ; puis les versets dits ambigus qui donnent de Allâh une vision anthropomorphique : il a un visage, des yeux, etc.

La théologie alimentée à la fois par le hadith* et l'exégèse qorânique développe des thèses controversées. L'existence de Dieu affirmée par la raison avant de l'être par la loi pour certains, est d'abord de l'ordre de la loi révélée, ce qui doit être le fil conducteur, le garant de la réflexion selon les ash'arites (voir Ash' ariyya). Elle est en outre l'objet d'une sorte d'argument ontologique : la preuve de l'existence de Dieu créateur éternel et unique du monde, réside dans la nature éphémère, le devenir du monde. De même la nature des attributs, voire leur existence sera discutée, ce qui aboutira chez les mo'tazilites* à leur négation, les ash'arites reconnaissant, eux, leur pleine réalité. En ce qui concerne la nature de la révélation les mo'tazilites* diront du Qor'ân qu'il est une parole créée, contingente, les ash'arites y voyant au contraire, une parole incréée primordiale. Les mo'tazilites affirmant une liberté humaine absolue créée par Dieu en l'homme, le mal n'étant produit que par celui-ci, au contraire les ash'arites soutiendront l'absolue détermination divine selon sa volonté éternelle. Même si Allâh commande le bien, la foi, c'est lui qui crée l'infidélité dans l'infidèle.

Les versets ambigus seront sujets à deux attitudes contradictoires, la pieuse suspension de l'analyse *(tafwîd)* s'en remettant à la parole de Dieu pour ce qui est mystérieux, ou l'exégèse symbolisante *(ta'wîl*)* des descriptions anthropomorphiques d'Allâh.

ALLÂHU AKBAR Voir Takbîr

'AMAL

(pl. A'mal) L'action, l'œuvre, c'est un terme utilisé dans le Qor'ân pour désigner les actions humaines dont sera fait le compte au jour du jugement. Il faut donc distinguer entre la vision purement théologique de l'œuvre qui le saisit comme un élément constitutif de la foi et des commandements religieux et la vision philosophique qui tend, sur le modèle de la philosophie grecque, à le subordonner à la connaissance intellective qui seule peut conduire à la libération et à la contemplation. On établit alors la distinction entre connaissance spéculative (nazariyya) et connaissance pratique ('amalî), celle-ci regroupant à la fois l'éthique et l'action.

AMAL (milice)

Milice shî'ite libanaise créée en 1975 par l'imâm Mûsâ Sadr pour défendre les thèses du « mouvement des déshérités » dans la guerre civile. Le mot amal est l'abréviation de l'expression « afwâj al-muqâwamat al-lubnâniyya ».Le choix de l'imâm de se placer aux côtés des forces syriennes, contre les forces progressistes, les Druzes, les partis de gauche et les Palestiniens, a conduit dès l'été 1976 à la quasi-élimination de Amal. Le deuxième affaiblissement de la milice fut dû à la disparition de Mûsâ Sadr en Libye en 1978. La révolution en Irân, en 1979, et l'invasion israélienne du Liban, en 1978, vont conduire à la réapparition en force de la milice. Etant donné le vide politique laissé à la tête de la communauté par la disparition de l'imâm, le sheykh Shamsoddîn a pris la direction du Conseil suprême shî'ite, organisme officiel représentant les shî'ites dans l'Etat libanais depuis 1967, tandis que le député Hoseyn al-Hoseynî assumait la direction d'Amal ; en 1980, Nabih Berrî, ancien secrétaire personnel de l'imâm et antipalestinien convaincu, l'a remplacé à la tête de la milice. L'essentiel de l'action d'Amal, sous la direction de Nabih Berrî, va consister dès lors à s'imposer face aux forces palestiniennes pour créer un système bipolaire de fait, à la faveur de la guerre civile. L'invasion israélienne de 1982 en détruisant la puissance militaire de l'OLP au Liban a permis à Amal de s'imposer progressivement aux zones musulmanes au détriment des forces progressistes.

AMIR AL-MU'MINÎN

Littéralement « le commandeur des croyants », désignait toute personne investie d'un commandement militaire que ce soit du temps du Prophète ou après. Ce titre a été adopté par le deuxieme khalife 'Omar b. al-Khattâb et est devenu dans l'usage sunnite une prérogative du khalife ou de tout chef militaire prétendant au titre khalifa!. Le roi du Maroc le porte encore suivant la tradition établie à partir du XIVe siècle. Les shî'ites duodécimains limitent habituellement l'emploi de ce titre à 'Ali b. Abî Tâlib, alors que les ismaéliens l'appliquent aux khalifes fatimides.

ANGE

Voir Malâk.

'AQÎDA

Terme désignant à la fois la croyance, la conviction religieuse et un article de foi, un dogme exposé dans des textes dont la finalité est l'établissement d'une doctrine. L'article de foi par excellence est la *shahâda*.* Un dogme de l'islâm s'est fixé à partir du khalifas de 'Ali* avec de nombreuses variantes.

Néanmoins un certain nombre de principes faisant consensus peuvent être énoncés ; l'existence de Dieu, l'unité de Dieu, son absolue transcendance par rapport à la création en même temps que son intimité absolue avec elle ; Dieu possède des attributs éternels, au moins sept, puissance, savoir, vie, volonté, ouïe, vue et parole. La volonté de Dieu est éternelle et créatrice ; Allâh est le juge absolu du jour du jugement ; il a envoyé sans cesse des messagers et des prophètes aux hommes et Mohammad est le sceau de la prophétie qui est désormais close jusqu'à la fin des temps. Le décret divin est absolu en même temps que la responsabilité de l'homme au jugement est totale. Le *Qor'ân* est la Parole incréée et éternelle de Dieu et révèle ainsi que les *hadiths** les seuls noms que Dieu veut nous faire connaître. Dans l'autre monde, après la résurrection des corps, Dieu apparaîtra pour qu'on le voit. Le paradis et l'enfer existent de toute éternité. Entre la mort et le dernier jour qui sera précédé de signes annonciateurs les anges Munkar et Nakir interrogeront les hommes dans leur tombes ; le Prophète et certaines autres personnes ont le droit d'intercéder auprès de Dieu en leur faveur. Enfin, la foi est en même temps connaissance par le cœur, témoignage par la parole et accomplissement par les œuvres.

ASH'ARIYYA

Ecole de théologie fondée par Abû'l-Hasan al-Ash'âri. Al-Ash'âri est né en 874 (260h.) à Basra et est sans doute mort en 935 (324h.). Il a commencé par rallier les mo'tazilites*, puis s'en est séparé en publiant une célèbre confession de foi, la *Ibâna*, favorable aux thèses d'Ibn Hanbal, le traditionniste persécuté par les mo'tazilites. Il fondait ainsi une école qui devait dominer le kalâm* une fois le mo'tazilisme mis hors la loi. Elle intégra pourtant des enseignements tirés de cette doctrine, ainsi que de celle des maturidites liés à l'école hanafite*, et des hanbalites*. Persécutés au Ve h./XIe siècle, sous les Bûyides (voir *'Abbassides*), ils formèrent l'école officielle du khalifat sous les Seldjukides, et cela jusqu'au XIVe siècle.
La doctrine ash'arite tente de trouver un juste milieu entre les thèses des hanbalites, hostiles au *ta'wîl** et prônant l'arrêt de la raison face aux données de la foi et les thèses rationalisantes des mo'tazilites, qui aboutissaient à rejeter des dogmes islamiques essentiels. Elle réaffirme donc le caractère incréé du Qor'ân,

l'existence des attributs de Dieu, mais limités en nombre, la possibilité de la vision de Dieu, rû'ya. Pour la question des actes humains, elle nie le libre arbitre de l'homme ; c'est Dieu qui crée ses actes mais en attribue la responsabilité à l'homme. En définitive, la force de l'école ash'arite fut de reprendre les grandes thèses des rites sunnites, violemment combattues par les mo'tazilites, et de leur fournir l'appui conceptuel du *kalâm**.

'ASHÛRÂ

Commémoration shî'ite du martyre de l'Imâm *Hoseyn** à *Kerbelâ** en 680. C'est au mois de moharram (le premier mois de l'année musulmane), le 9 et le 10, qu'ont lieu les cérémonies en l'honneur de Hoseyn. C'est l'occasion, en participant active-ment à la douleur de l'Imâm, notamment par les pleurs, de retrouver le sens du sacrifice pour la communauté et de répéter son engagement spirituel. Ce n'est qu'à partir de l'instauration d'une dynastie shî'ite en Irân, au XVIe siècle, que ces démons-trations ont pu se faire au grand jour. Malgré la réprobation des religieux, hostiles à une piété trop ostentatoire, la dynastie des Qâjârs a développé ces pratiques de façon spectaculaire. La célébration de moharram comporte trois types de rites. Le *rowzekhânî* qui consiste à faire appel à un prédicateur qui récite le martyre de Hoseyn ou d'un autre Imâm. Le *sînezânî* qui est la célébration publique, des 9 et 10 moharram, au cours de laquelle les hommes défilent en se frappant la poitrine avec la main ou en se flagellant le dos avec des chaînes pour faire jaillir le sang. Enfin le *ta'ziye*, véritable représentation théâtrale de la passion de Hoseyn, une des seules existant dans la tradition musulmane. Le sujet des ta'ziyes peut aussi être le martyre d'un autre Imâm, ou celui des membres de sa famille massacrés avec lui à Kerbelâ.
Ces manifestations peuvent avoir des conséquences politiques importantes, c'est pourquoi elles sont sévèrement contrôlées, et parfois même interdites comme sous Rezâ Shâh. Elles ont régulièrement été utilisées au Liban pendant la guerre civile, surtout sous l'impulsion de Mûsâ Sadr, le fondateur de la milice Amal*.

al-ASMA' AL-HUSNA

Terme qorânique qui désigne les « plus beaux noms » de Dieu, réalités éternelles liées aux attributs* divins (sifât). Les mo'tazi-lites les tiennent pour des réalités contingentes déterminables par la raison. Un *hadîth** attribue à Dieu 99 noms et fonde la récitation et la méditation de ces noms dans la pratique cultuelle islamique. Néanmoins le Qor'ân fournit plus de 99 noms et certains de ceux-ci ne se trouvent pas tels quels dans le Qor'ân. Parmi les noms de Dieu, Allâh est soit le premier, soit le centième qui vient clore cette liste. On peut citer entre autres noms, le Premier et le Dernier (al-Awwal, al-Akhîr), le Manifeste, le Caché (al-Zâhir,al-Bâtin), l'Eternel (al-Bâqî), la Lumière (al-Nûr), le Vivificateur (al-Muhyî), le Vivant (al-Hayy), le Très Indulgent (al-Ghafûr), etc.

Il n'est pas possible de connaître Dieu autrement que par ses attributs ou par ses noms ; ceux-ci, pour la pensée shî'ite, apparaissent en tant que preuve, garant (hojjat) dans la figure des Quatorze Immaculés qui sont la face divine (voir *Imâm*). Ces noms ne sont, bien entendu, rien de tout ce dont une analyse linguistique pourrait rendre compte ; ils nécessitent un regard d'une toute autre dimension. Le Nom suprême, celui qui récapitule tous les noms divins a pour forme théophanique la réalité mohammadienne éternelle qui rassemble et accomplit en tant que sceau toutes les prophéties* antérieures. Les lettres énigmatiques situées en tête de certaines sourates du Qor'ân, au nombre de quatorze, telles que *tâ*, *sîn*, *yâ* etc., ont parfois été interprétées comme le chiffre exprimant le mystère qu'est ce Nom.

ATATÜRK

Mustafa Kemal Atatürk, fondateur et premier président de la république de Turquie. Il est né en 1881 à Salonique ; il sort diplômé de l'Académie de guerre d'Istanbul en 1905 et ne participe que de très loin au groupe d'union et de progrès qui prend le pouvoir en 1908. Il s'illustre aux Dardanelles, dans le Caucase et en Palestine pendant la Première Guerre mondiale. Après l'armistice de Moudros, le 30 octobre 1918, qu'il désapprouve, envoyé comme inspecteur de l'armée du Nord à Samsun en 1919, il réunit un congrès à Erzurum et Sivas pour lancer la guerre d'indépendance. A la suite d'une guerre très dure d'où la Turquie est sortie victorieuse, la conférence de Lausanne, de novembre 1922 à juillet 1923, reconnaît les nouvelles frontières de la Turquie, son contrôle sur les détroits... Le 29 octobre1923 la république est proclamée avec pour premier président Mustafa Kemal et pour capitale Ankara. Atatürk fait adopter une nouvelle constitution le 30 avril 1924 et instaure un régime de parti unique : socialiste, nationaliste et laïque. La Turquie devient le premier état à majorité musulmane, sous l'impulsion d'Atatürk. Il entame la modernisation du pays, remplaçant l'alphabet arabe par l'alphabet latin, donnant le droit de vote aux femmes en 1934, créant des banques nationalisées et une bourgeoisie nationale. Après la mort d'Atatürk, le 10 novembre 1938 à Istanbul, son successeur Ismet Inönü fera accéder la Turquie à un véritable pluralisme politique.

ATTRIBUTS

Les attributs, sifât, de Dieu sont désignés par les Noms révélés dans le Qor'ân. Les écoles de théologie ont défini ces attributs à partir du Qor'ân et se sont livrées à des controverses sur leur nature et leur rapport avec l'essence divine.

L'attribut premier est celui de la Vie exprimé dans le nom *al-Hayy*, le Vivant ; un autre attribut *al-Haqq*, la Vérité-réel, sera, avec al-Hayy, longuement médité dans le soufisme. Trois autres attributs sont particuliers et, selon les théologiens, incompréhensibles ; ils ne demandent pour toute attitude que la pieuse remise confiante à la lettre du texte révélé, « bi lâ kayfa », « sans demander comment ». Ce sont la Vue, du nom *al-Bashîr*, l'Audition, du nom *al-Samî'*, et enfin la Parole, *kalâm**, par laquelle Dieu a créé le monde en disant « *Kun !* », « Sois ! », ou encore Jésus. C'est la Parole incréée qui descend sous forme d'un livre pour servir de guide à la communauté. Le kalâm est créateur et accomplit l'être selon ce qu'il est.

Dans le soufisme, ou la gnose, les attributs seront les théophanies par lesquelles Dieu se manifeste et se connaît. Chez Jîlî, par exemple, les attributs ne sont pas différents de l'essence, et l'homme parfait est celui qui réalise tous les attributs divins et les porte ainsi à la connaissance divine ; c'est la *Haqîqa** *Mohammadiyya*, la réalité mohammadienne pure.

Chez *Ibn'Arabî**, les noms divins s'épiphanisent dans les êtres. L'existant est une théophanie, qui est la manifestation de la Compassion universelle de Dieu. La prière est alors le moment de la rencontre avec son Seigneur qui n'est autre que le Nom divin propre au croyant, et qui n'a d'autre référence que l'essence divine. L'attribut divin n'est donc pas une qualification de l'essence divine qui lui serait ajoutée et donc limiterait celle-ci. C'est ce par quoi Dieu s'existentie en nous pour se connaître en tant que le Juste, le Voyant, l'Audiant, le Vivant, etc. Les attributs sont la perfection divine qui se réalise dans le croyant parfait par la Compassion de Dieu. Cette compassion, c'est l'acte par lequel le Nom divin crée l'être qui l'atteste dans son acte créateur.

Le hadîth* du « trésor caché », médité par les spirituels, fournit une clé pour la compréhension de ce que sont les attributs : « J'étais un Trésor caché(1), j'ai aimé à être connu(2) ; alors j'ai créé les créatures pour être connu(3) ». La première partie se réfère au plan de l'essence divine *(dhât),* qui ne se fait être que pour elle-même ; deuxièmement, le désir d'être connu, fait être les attributs essentiels, les attributs de la Vie (le Vivant, l'Audiant, le Voyant, le Verbe) par lesquels Dieu se connaît dans son intimité ; troisièmement, il fait être les créatures qui l'attestent par la manifestation des attributs de Vie comme théophanie.

AVERROËS Voir Ibn Rushd.

AVICENNE Voir Ibn Sinâ.

ÂYA

Verset du Qor'ân ; ce mot signifie aussi signe de feu, témoignage, miracle, qui sont son sens originel. Ce sens est utilisé dans le Qor'ân pour désigner l'arche, le soleil et la lune, les prodiges de la nature, en tant que signes de la puissance de Dieu. Les versets sont donc les signes qui rapprochent les témoignages de la puissance divine et attestent la présence de Dieu. La numérotation, l'ordre, la répartition des versets du Qor'ân ont donné lieu à de nombreuses discussions pour l'établissement du texte qorânique définitif. Certains aya peuvent apporter une bénédiction ou une protection à celui qui les dit, comme les deux sourates de la fin du Qor'ân, nommées al-mu'awizatân.

ÂYATOLLAH

Mot composé de âya et Allâh signifiant littéralement signe de feu, ou signe miraculeux de Dieu. C'est un titre propre à la communauté religieuse des 'olamâ' dans le shî'isme imâmite. Il est habituellement conféré aux *mojtaheds**, ceux qui pratiquent l'*ijtihâd** et qui ont reçu une licence d'enseignement (ijâza) de leur maître en matière théologique. Le titre de ayatollâh ol-'ozmà, grand ayatollâh, est conféré à titre purement honorifique à un mojtahed que l'on veut distinguer.

B-C

BAQÂ' — FANÂ'

Termes appartenant au vocabulaire soufi signifiant respectivement annihilation au sens d'absorption dans le divin et subsistance au sens de permanence en tant qu'être réalisé. Ils peuvent
être recherchés pour eux-mêmes. Ainsi *Hallâj** visait-il le *fanâ'*
en tant qu'absorption et évanouissement de son individualité
dans la divinité ; ils peuvent encore être superposés pour désigner des étapes de la quête gnostique, la perte de soi étant
alors le prélude à la surexistence conçue comme la perfection de
l'état mystique.

BARZAKH

Mot persan et arabe désignant parfois les limbes mais plus
justement la notion d'obstacle, de séparation, ou encore
d'écran. Cité trois fois dans le Qor'ân il désigne la distinction, la
séparation entre le monde humain et le monde spirituel. Cette
rupture peut avoir une certaine réalité propre pour constituer
un espace objectif entre le monde de la pure spiritualité et le
monde matériel comme dans le *tasawwof.** Il est alors un
intermonde, identifié au « monde imaginal » (*'âlam al-mithâl*).
C'est surtout à partir d'*Ibn 'Arabî**, puis *Sohrawardî** que les
théories sur le barzakh ont été perfectionnées. Il devient alors le
monde de l'âme dans lequel son pouvoir créateur lui attribue un
corps spirituel avec une dimension eschatologique. Il est l'inter-
valle, perceptible à l'âme (nafs) par l'intermédiaire de l'imagination visionnaire, entre le monde sensible, matériel, et le
monde de l'Esprit (rûh ou 'aql). En lui se présentent les réalités
spirituelles (haqâ'iq) comme des formes imaginales, des corps
subtils (ainsi la connaissance mystique se présentera parfois
comme du lait ou une perle, etc) que le mystique voit à l'état de
veille, le commun n'y ayant accès que dans le sommeil ou après
la mort.
La mort est donc le passage de l'âme dans le barzakh où elle se
métamorphose en prenant le corps subtil qui lui correspond et

qu'elle s'est acquis par son comportement au cours de son existence terrestre. Ce corps est son corps de résurrection qui apparaît au cours de la résurrection mineure (qiyâma soghrâ), après la mort terrestre, et qui est appelé à croître jusqu'à atteindre sa maturité pour la résurrection majeure (qiyâma kobra). Le barzakh est le « huitième climat » où l'âme se découvre après la mort et demeure dans l'attente de sa complète résurrection pour le jour du jugement. Ainsi la résurrection commence-t-elle immédiatement et est une croissance, une nouvelle naissance dans un lieu de passage qui a du reste une double dimension, comme l'indique un dit du Prophète : « La tombe est un jardin parmi les jardins du paradis, ou au contraire un abîme parmi les abîmes de l'enfer. »

BASMALA

Nom qui désigne la formule « *Bismi'llâhi'l-Rahmâni'l-Rahîm* », « au nom de Dieu le Très Miséricordieux, le Tout Miséricordieux » qui ouvre chaque sourate* du Qor'ân, sauf la sourate IX. L'interprétation du rôle de la basmala au début des sourates a donné lieu à des controverses ; certains, comme Abû Hanîfa, jugeait qu'il ne s'agissait là que d'une formule servant à distinguer une sourate d'une autre et appelant la bénédiction sur la sourate qu'elle précède ; d'autres, comme Shâfi'î, considéraient qu'il s'agit d'un verset à part entière dans chaque sourate. La basmala doit ouvrir tous les actes importants de la vie, selon le hadith : « Toute chose importante qui ne débuterait pas par la basmala serait mutilée ». *Rahmân* et *Rahîm* ont des sens différents, respectivement, « le Très-Miséricordieux », celui dont la nature est l'absolue miséricorde, et « le Tout-Miséricordieux », celui dont la miséricorde s'étend à toute chose, sans limites. Rahîm, seul, est mentionné parmi les plus beaux noms divins, alors qu'al-Rahmân, désigne Dieu lui-même dès l'époque anté-islamique. La récitation de la basmala se voit parfois attribuer un rôle magique. Dans le soufisme, la réciter revient à actualiser en nous l'acte créateur de Dieu, la mise à l'impératif de l'être (voir *Wojûd*), et donc à réaliser le projet divin en se fondant dans la divinité, *fanâ'*.

BASRÎ

Hasan Basrî (Abû Sa'îd Hasan b. Abî'l-Hasan Yasâr Maysânî Basrî) fut un des ascètes musulmans des premiers temps parmi les plus importants pour le soufisme et le sunnisme. Il est né à

Médine en 21h. (643) et a été élevé à Basra. Il a combattu en Afghanistan, dans la région de Kaboul, de 50 à 53 h.. Sa grande période d'activité se situe entre les années 65 et 85h. En 99h., après une période où il dut se cacher parce qu'il était devenu suspect pour les autorités, il fut nommé qadî de Basra, mais finit par démissionner. Il est mort le 10 octobre 728 (1e rajab 110), à Basra où il est enterré. Il reste un certain nombre d'œuvres de lui, des sermons, des explications du Qor'ân regroupés en un tafsîr, de tendance *mo'tazilite**, et des sentences d'abord transmises oralement. Sa doctrine mystique était caractérisée par un strict ascétisme. Il est le premier à avoir poser les fondements de « la science des cœurs », *'ilm al-qolûb*, la recherche des états spirituels comme moyen de perfection qui peut conduire à la vision de l'essence divine pour les élus dans le paradis. Il a posé le premier les fondements de l'attitude politique dans le sunnisme, après Siffîn. Pour lui l'essentiel est de maintenir l'unité de la Umma, soumise à Dieu. Dans ce but il est nécessaire que le croyant se soumette totalement à son gouvernement, même si celui-ci est corrompu, tant que ses prescriptions ne sont pas contraires à la foi islamique.

BAST

Terme courant du soufisme désignant un état, *hâl**, d'extension du cœur lié à l'espoir. Il s'oppose au *qabdh*, le resserrement du cœur lié à la crainte. Il correspond à l'état psychologique particulier que produit le dévoilement des réalités spirituelles et donc la vision mystique. C'est l'opposé du qabdh qui est l'épreuve psychologique du voilement dans lequel le cœur devient lui-même un voile pour le mystique, et donc provoque en lui une succession d'états douloureux. Cette conception prend sa source dans un verset qôranique (II,245) : « Allâh contracte et étend [...] ».

BASTÂMÎ (Abu Yazîd)

Un des plus grands mystiques musulmans, natif de la ville de Bastâm dans le nord-est de l'Iran. C'est dans cette ville, où il avait passé pratiquement toute sa vie qu'il mourut autour de 234h. ou 261h./874. Parmi les quelques informations biographiques dont nous disposons, nous savons que son grand père, Sorûshân, était un mazdéen converti à l'islâm. Seules des sentences et des récits nous ont été transmis par ses disciples.

Parmi ces sentences figurent avant tout des shatahât, paradoxes mystiques, ou encore selon l'expression de L. Massignon des locutions théopathiques. Son enseignement repose sur le triple plan d'être (moi, toi, Lui/ Hû), dont l'expérience ascendante dans l'amour divin conduit à la vision de la Vérité par l'absorption en Dieu.

BÂTIN

Le sens caché ou ésotérique. Il prend toute sa signification dans son opposition au *zâhir*, ou sens apparent, littéral. Cette opposition apparaît dès le début de l'islâm — ce sont deux des noms de Dieu — et finira par être un des critères distinctifs du shî'isme.

Les Imâms* shî'ites sont les initiateurs de l'herméneutique du Qor'ân dont le but est de reconduire le texte dans sa lettre à son origine, sa vérité. Cette vision conditionne la position d'une intériorité à la fois de la révélation et de la mission prophétique en tant que telle. Par suite elle permet aussi à la notion de l'imâmat d'être introduite dans le cadre de l'islâm malgré le statut du Prophète qui veut qu'il soit le sceau (khâtem) de la prophétie. Ainsi de même que le zâhir a nécessairement un sens caché, la prophétie (nobowwa) a nécessairement un cycle de *walâya** qui l'accompagne ; la mission des Imâms est d'initier à la connaissance mystique et donc de reconduire la loi, la *sharî'a** à son fondement. A la descente du Livre saint qui établit une Loi pour la *Umma** *(tanzîl)*, doit correspondre une remontée de cette révélation *(ta'wîl)* qui accomplit le projet divin dans l'homme en réalisant son humanité parfaite.

Puisqu'il y a une humanité primordiale qui est l'Adam* premier, double, comme la prophétie qui est à la fois Loi et Vérité, les deux aspects que sont le *bâtin* et le *zâhir* sont inscrits dès l'origine de façon indissociable dans l'humanité créée. La *haqîqa mohammadiyya**, la Réalité Prophétique — ou encore le *nûr mohammadî* — recouvre une double signification, manifestation de la Face divine dans la personne des Quatorze Immaculés.

Au couple zâhir-bâtin correspondent, dans le même rapport, les couples *sharî'a**-*haqîqa**, et *tanzîl-ta'wîl**. Les ismâ'îliens* subordonnent rigoureusement la loi révélée au sens spirituel du Livre, le Prophète se trouvant alors réduit à un rôle secondaire par rapport à l'Imâm.

Le bâtin en tant que sens caché du Qor'ân a conduit à l'élaboration d'une doctrine particulière concernant l'herméneutique. Ainsi selon les Imâms, le Qor'ân comporte plusieurs sens cachés qui se succèdent. Selon 'Alî ibn Abî tâlib, le premier Imâm, « il n'est pas de verset qorânique qui n'ait quatre sens : l'exotérique, l'ésotérique, la limite (hadd), le projet divin (mottala') ; l'éxotérique est pour la récitation orale, l'ésotérique, pour la compréhension intérieure ; la limite c'est les énoncés délimitant le licite et l'illicite, et le projet divin c'est ce que Dieu se propose de réaliser dans l'homme par chaque verset ». Selon l'Imâm Ja'far, il y a sept plans de descente du livre révélés et neuf modes de compréhension de ce texte. Enfin selon un haḍîth attribué au Prophète il y a sept sens ésotériques dans le Qor'ân qui sont autant d'intériorisation de la vérité prophétique. Néanmoins la révélation de la totalité de la réalité spirituelle de la prophétie ne saurait avoir lieu que lors de la parousie du XIIe Imâm.

BÂTINIYYA

Nom donné aux ismaéliens et aux soufis subsidiairement, notamment par les polémistes sunnites. Il dérive de *bâtin** opposé à *zahîr*. Cette opposition est au cœur même du shî'isme, conditionnant le statut des Imâms* qui possèdent le bâtin la Parole divine dont le Prophète a révélé la lettre. L'essentiel du message shî'ite, en particulier ismaélien, se situe dans ce couple batîn-zahîr auquel correspond le couple *tanzîl-ta'wîl** typifié dans la co-appartenance de la Prophétie et de l'Imamât. Cette distinction a conduit certains mouvements shî'ites marginaux à privilégier la figure de l'Imâm au détriment de celle du Prophète et à abroger le côté légaliste de l'islâm, la *sharî'a*, au profit de la seule recherche du *bâtin*. L'attitude sunnite, légaliste en son fond, a été une condamnation de cette pratique du Qor'ân.

BEKTASHIYYA

Ordre de derviches turc dont le maître fut Hajj Bektash Velî venu du Khorasân en Anatolie, au XIIIe siècle vraisemblablement. La forme précise de l'ordre fut fixée par Bâlim Sültân au XVIe siècle. L'ordre regroupe des éléments doctrinaux très divers. Ils semblent être shî'ites ; ils reconnaissent les douzes Imâms et révèrent tout spécialement Ja'far al-Sadiq, le VIe Imâm, ainsi que 'Alî qu'ils unissent à Allâh et Mohammad pour constituer une sorte de trinité.

Ils ont intégré à leurs doctrines les spéculations sur les nombres et les lettres de l'ordre Horûfi dès le XVe siècle. Ils croient à la migration des âmes.

Un certain nombre de leurs pratiques semble d'origine chrétienne, ainsi ont-ils une forme de communion pour l'acceuil des nouveaux initiés, une forme de confession avec absolution des péchés. Enfin subsistent encore dans la secte des éléments chamaniques. Ils ont tendance à négliger les rites essentiels de l'islâm tels que la prière quotidienne.

A partir du XVe siècle les janissaires furent exclusivement bektashis ce qui conféra à l'ordre un rôle politique déterminant en concurrence avec les mevlevis (voir *Mevlânâ*) dans l'Empire ottoman jusqu'à la destruction des troupes de janissaires en 1826 par le sultan Mahmûd II. En 1925 l'ordre ainsi que tous les ordres mystiques, fut interdit d'existence en Turquie.

BID'A

Innovation qui s'oppose à la *Sunna** dans la mesure où elle n'en est pas issue. La condamnation de la Bid'a s'appuie sur des hadiths du prophète. On distingue la bonne innovation de la mauvaise, celle-ci se caractérise par son opposition au Qor'ân, à la Sunna, au consensus de la communauté, *ijmâ'**, ou aux traditions des compagnons du prophète, athar. On les classe selon les cinq catégories du droit musulman.

BILÂL

Premier muezzin de l'islâm, d'origine éthiopienne. Esclave converti à l'islâm, racheté par Abu Bakr pour être affranchi, il aurait été l'intendant et le serviteur personnel du Prophète. Après la mort de celui-ci, il alla en Syrie et mourut à Alep ou à Damas entre 638 et 642.

CALIFE

Voir Khalifa.

COMMANDEUR DES CROYANTS

Voir Amir al-mu'ninîm.

CHRÉTIENS

Voir Ahl al-Kitâb, Dhimmî.

D-E

DÂR AL-HARB

« Le pays de la guerre » désigne l'ensemble des territoires dont l'islâm n'est pas la loi. Le monde est divisé en deux, les territoires pacifiés, où règne l'islâm, et les territoires non encore musulmans soumis à l'obligation du *jihâd**. S'ils se soumettent au paiement d'un tribut par une convention, ils passent sous le statut de *Dâr al-Sulh**, espace de conciliation provisoire. On ne peut légalement attaquer un territoire du Dâr al-Harb qu'à condition de l'avoir préalablement invité à adopter l'islâm. La notion de Dâr al-Sulh est apparue très tôt, étant donné la nécessité d'adopter un statut juridique particulier pour organiser des relations interétatiques pacifiques. La trêve ainsi conclue avec un État non musulman n'est valide qu'à condition qu'elle ne place pas l'État musulman en infériorité.

Les islamistes utilisent la notion du Dâr al-Harb pour mettre en évidence les relations conflictuelles existant entre les nations occidentales et les États musulmans. Les trêves conclues ne peuvent être légitimes que provisoirement à cause de la dépendance économique, et doivent être dénoncées à la première occasion. Le Dâr al-Sulh est défini par la liberté accordée, par les États qui en font partie, aux prédicateurs de diffuser le message de l'islâm, da'wa.

DÂR AL-ISLÂM

Terme provenant d'un hadith* du prophète. Littéralement maison ou pays de l'islâm recouvrant un territoire ou un ensemble de territoires où s'applique la loi révélée. Le Dâr al-Islâm est par définition le lieu où règne la paix, par opposition au *Dâr al-harb.** Il est alors aussi appelé « *Dâr al-'adl* », la maison de la justice. Le Dâr al-Islâm est traditionnellement perçu comme une unité vivante ; elle doit réunir, guidée par l'esprit de réforme religieuse, islâh, la *Umma**. Le projet politique de l'islâm repose sur la subordination totale du monde, *dunyâ**, dans l'État, dawla, à la religion, dîn.

Dès le début de la succession du Prophète, cette unité fut remise en cause par les luttes de factions, réglées en général par la guerre et l'assassinat politique. Les termes condamnant ces ruptures et leurs auteurs sont *fitna**, division, *hezb**, parti ; ces concepts recèlent implicitement une accusation d'impiété. L'unité du Dâr al-Islâm a donc plus une valeur symbolique qu'une réalité historique véritable. Néanmoins la communauté musulmane vit dans la conscience de son unité, qu'elle perçoit comme une appartenance première, transnationale.

La compréhension du monde musulman contemporain par les islamistes est une application de ce thème. Le terme de fitna s'applique dans leur discours d'abord à la division qui règne dans chaque État entre les élites dirigeantes et le peuple. L'axe de cette critique est l'application de la sharî'a*. La critique s'applique aussi à la division de la Umma en État-nations, division héritée de la balkanisation du Proche-Orient à la suite de la défaite de l'empire ottoman ; Israël joue un rôle symbolique majeur dans la dénonciation des régimes arabes par les islamistes. L'acceptation par les élites locales de cette division est donc perçue par les islamistes comme une trahison de l'islâm, à la fois religion, dîn, et politique, dawla. L'État-nation est donc à combattre dans la mesure où c'est le maintien aliénant, légitimé par les élites locales, de la domination coloniale sur le Dâr al-Islâm. Enfin l'islamisme met en cause le combat du nationalisme arabe, donc sa légitimité au nom de l'unité transnationale de la Umma.

DERVICHE darwîsh

Terme désignant un membre d'une confrérie religieuse, employé en persan et en turc plutôt pour désigner un moine mendiant. Le darwîsh pouvait être solitaire ou adhérer à une confrérie.

Voir Tasawwof, Mevlânâ, Tarîqa.

DEVSHIRME

Nom verbal turc désignant le recrutement d'enfants chrétiens dans l'empire ottoman pour alimenter le corps des janissaires et pour occuper des fonctions dans l'administration et le palais. On emploie le terme à une époque ancienne pour désigner le penjik, système institué pendant la conquête des Balkans par le sultan Murat 1er (1326-1389). C'est, à l'époque, le prélèvement du cinquième des prisonniers de guerre au bénéfice du trésor royal. C'est sous le règne de son fils Bayezit 1er Yïldïrïm (1389-1402) que l'institution du devshirme fut étendue au point de fournir les cadres administratifs de l'État malgré la vive opposition des éléments turcs de l'empire ; on attribue l'institution du devshirme à Djandarlï Qara Khalîl.

Malgré les tentatives de légitimation religieuse, le devshirme était une violation du droit des *dhimmis*.* Le recrutement épisodique et dirigé par un officier des janissaires touchait principalement les zones rurales. Les meilleurs, employés d'abord comme pages (ichoghlân), étaient destinés soit au service du palais, soit à une formation administrative ; les autres étaient dirigés vers le corps des janissaires. Les enfants étaient élevés dans la tradition musulmane et recevaient l'éducation correspondant à leurs futures charges. Le système, gratifiant sur les plans social et financier (il permit pendant longtemps une véritable ascension sociale d'individus venus de milieux essentiellement ruraux) avait pour mérite de constituer un corps de fonctionnaires totalement dévoué à l'empire. Le devshirme, devenu insuffisant à cause de la multiplication des conflits, semble avoir été abandonné sous Ahmet 1er qui régna de 1603 à 1617.

DHÎKR

Remémoration des noms de Dieu. Elle se fonde sur deux versets qorâniques : « Remémore-toi ton seigneur quand tu auras oublié », « O vous qui croyez, invoquez Dieu d'une abondante invocation ». Le dhikr est le rite fondamental du soufisme. Il peut se faire isolé ou en groupe, à voix haute ou à voix basse. L'accomplissement du dhîkr est rigoureusement codifié, dirigé par le *shaykh** de la confrérie. A la prononciation du nom divin est associée une discipline du souffle, pour procurer des états, ahwâl, au soufi.

On établit une hiérarchie de dhîkr ; le dhîkr de la langue, répétition volontaire du nom, qui s'intériorise et devient automatique ; le dhîkr du cœur : le nom n'est plus répété, même mentalement, le dhikr devient une scansion physique avec vision de lumières colorées. Enfin le dhîkr du secret : l'être du soufi devient dhîkr, le dhîkr et le nom remémoré disparaissent en Dieu ; c'est le *tawhîd**, l'unification, accompagné des lumières divines ascendantes et descendantes, états de perfection spirituelle conduisant à travers le *jabarût* et le *Malakût** (voir *'Alem*) au monde de l'essence divine, le *lâhût**.

DHIMMÎ

Sujet protégé dans l'islâm, membre des « ahl al-kitâb ». Le dhimmî est un sujet toléré dans la cité musulmane. Néanmoins sa situation varie beaucoup suivant les époques et les États considérés. Ils pouvaient, parfois, parvenir à des situations élevées dans l'État, voire constituer des dynasties de grands vizirs. Le dhimmî était soumis à deux impôts, un impôt personnel, la jiziya, et un impôt foncier, kharaj. Il leur était en outre interdit de porter des armes. La charte des réformes de l'empire ottoman à l'époque des Tanzîmât, le 18 février 1856 a mis fin à la jiziya et a affirmé la complète égalité de tous les sujets ottomans dans le cadre d'une nouvelle définition de la citoyenneté. Les dhimmîs ont été les premiers sensibles aux tentatives de réformes, et ont été les premiers artisans du nationalisme arabe. Ils ont, au cours du XXe siècle, régulièrement pris le parti du nationalisme. Les chrétiens se sont en particulier illustrés dans les mouvements palestiniens les plus engagés dans la lutte contre Israël, comme le FPLP ou le FDPLP.

DHÛ'L-NÛN MISRÎ

Célèbre soufi, le premier éditeur du tafsîr mystique attribué au VIe Imâm Ja'far al-Sâdeq. Dhû'l-Nûn, l'homme au poisson, est son surnom. Il est né autour de 180 h. à Ikhmîm, en Haute-Egypte. Il a beaucoup voyagé dans le Moyen-Orient. Il connaissait bien les œuvres mystiques de l'époque et a été le disciple de Jâbir al-Hayyân pour l'alchimie*. Il a été une première fois inquiété par les théologiens mo'tazilites* parce qu'il affirmait le caractère incréé du Qor'ân. Il fut ensuite condamné à cause de son enseignement en 214h., et emprisonné à Baghdâd. Relâché sur l'ordre du khalife, il put regagner Le Caire. C'est là qu'il mourut en 856 (245 h.).

Ses sentences sont écrites dans un style métaphorique qui deviendra le style usuel des écrits soufis. Sa doctrine, comme celle du soufisme en général, est axée sur l'amour de Dieu, hobb. Il est le premier à avoir établi une classification des états spirituels, et des stations spirituelles. Cette hiérarchisation de l'accomplissement spirituel deviendra, avec des variantes de détail, une norme, dans le soufisme postérieur. Il est aussi un des premiers adeptes et propagateurs du *samâ'**, le concert spirituel.

DRUZES

Population constituant quasiment une nation, les Druzes habitent traditionnellement le mont Liban et l'anti-Liban ainsi que la région de Damas et du massif du Hawrân. Leur origine ethnique est obscure. C'est une secte dissidente de l'ismaélisme* fatimide, fondée sous le khalife Hâkim (386-411 h.) par Hamza et Darâzî. Leur doctrine se fonde sur l'idée d'une incarnation successive de Dieu. Le khalife Hâkim est la dernière théophanie, il est en occultation et reviendra à la fin des temps. En dessous de lui, cinq ministres, incarnation des principes émanés de la divinité, représentent respectivement l'Intelligence, 'aql, l'Ame, nafs, le Verbe, kalâm, émané de l'Ame par l'Intelligence, puis l'« aile droite » (ou le« précédent »), enfin l'« aile gauche » (ou le « suivant »). Ces cinq principes sont nommés hudûd, grades, limites, et ont trait à la fois à la constitution spéculative des plans de l'être et à la formation d'une éthique communautaire. En dessous de ces hypostases incarnées se situent trois classes de ministres, les dâ'i ou missionnaires, les ma'dhûn « les autorisés » ou « les ouvertures », les maqassir, « les briseurs » ou « fantômes ». Ils croient à la métempsycose et pratiquent le ketmân, qui permet, pour échapper aux persécutions, de taire leur conviction.

La distinction entre ésotérique et exotérique fonde l'élitisme de la doctrine. Le peuple est séparé en trois classes : les juhhâl, ignorants, les 'uqqâl, savants, les ajâwid, parfaits ; seuls ces deux derniers groupes participent aux réunions, les nuits du jeudi au vendredi.

La nation a traditionnellement à sa tête un hâkem ou amîr. De 1840 à1860 des soulèvements druzes prirent pour cible les maronites. Une commission internationale élabora alors un statut pour le Liban qui devint autonome dans le cadre ottoman. L'organisation très hiérarchisée de cette population minoritaire de même que son sentiment quasinational ont rendu aisé sa constitution en groupe politique armé sur la scène libanaise. Sous la direction de la famille Joumblatt s'est formé le parti socialiste progressiste allié à la gauche libanaise et à l'OLP contre la communauté maronite unifiée peu à peu par l'acti-

visme séparatiste et autoritaire des « phalanges » (kataeb) diri-
gées par la famille Gemayel. L'agression israëlienne de 1982 au
Liban a réduit leur rôle.

DUNYÂ

Dunyâ désigne le monde d'ici-bas, le monde terrestre. Il est
employé avec un sens de mépris dans le Qor'ân et dans la
théologie. « Ceux qui achètent la vie de ce monde au prix de la
vie future n'éprouveront aucun soulagement dans le châtiment
et ne seront point secourus » (Qor'ân,II,80). « Vous préférez la
vie de ce monde et cependant la vie future vaut mieux et est plus
durable » (Qor'ân LXXXVII,16-19). Le monde d'ici-bas est
éphémère, facteur d'erreur, produit la discorde et le goût du
vice, et nécessite une action législatrice, la *shari'a*.

ELIE

Elie, Ilyâs en arabe, est identifié à Khezr*, l'initiateur de Moïse
(Qor'ân 18, 6:85 et 37:123-130). Un culte populaire s'est
développé autour de lui et il existe un peu partout, dans le
monde musulman, des lieux voués à Elie où il est censé se
manifester. Beaucoup de soufis se réclament de la khirqa,
l'investiture spirituelle, de Khezr ; une *tarîqa** portant son nom,
la Khadiriyya, a été fondée au Maroc, en 1719, par 'Abd
al-'Azîz ibn al-Dabbâgh qui avait reçu son rituel de Khezr à Sîdî
Harazem, à côté de Fès.

ENFER

Voir Jahannam.

'ESHQ

Mot arabe désignant l'amour passionné, en particulier l'amour
pour Dieu ; d'autres termes sont utilisés pour désigner l'amour
de Dieu : *mahabba* et *hobb*. L'idée d'un amour passionné pour
Dieu fut, au moins au début, fortement attaquée par les théologiens, surtout les mo'tazilites*. Elle est néanmoins le thème de
base de la spiritualité en islâm. C'est le terme 'eshq qui est le
plus employé, bien qu'Ibn 'Arabî* utilise le terme hobb, moins
suspect.
Le shî'isme se désigne comme religion d'amour, et le soufisme,
suivant l'exemple du Prophète, cherche à travers l'amour de

ESH

Dieu la succession des grâces sanctifiantes conduisant à la perception de la beauté humaine comme théophanie. Le problème principal de la mystique est d'éviter d'être accusé d'incarnationnisme, ou d'idolâtrie. L'expérience amoureuse se convertit en amour divin.

L'idéal d'amour est connu, dans la littérature mystique, sous le nom d'amour « 'odhrite », illustré par le couple de Majnûn et Leylâ. Les Banû 'Odhra sont une tribu légendaire que l'on situe au Yemen dont l'idéal est de mourir d'amour sans jamais avouer à l'aimé sa passion. L'amour humain est un amour dépouillé de toute passion charnelle, s'absorbant dans le visage de l'aimé dans lequel s'épiphanise la Beauté divine incréée. Cette étape est le *tawhîd**, celle de l'union où le mystique, dépouillé de ses attributs individuels par le *fanâ'**, survit comme témoin de cette beauté divine dont il est investi ; Dieu se contemple alors par ses propres yeux, en lui, dont il fait le lieu de son épiphanie selon les attributs de la Majesté et de la Beauté.

Selon Rûzbehân, il n'est possible d'accéder à cette vision que si l'on perçoit dans la créature, le visage de l'aimée de chair, sa beauté comme un voile qui masque et révèle à la fois la beauté divine dans son être. L'ambiguïté de la beauté de la créature, l'iltibâs, structure les plans d'être. La prophétie elle-même est le lieu d'une ambiguïté, à la fois elle voile son origine et la présente à celui qui peut en saisir la Vérité. L'islâm est conçu comme religion d'amour et le prophète comme l'amoureux exemplaire, qui a fait l'expérience du sens amphibologique de la beauté de la création.

F

AL-FARABÎ

Grand philosophe musulman surnommé « le second maître »,
après Aristote. Turc, il est né à Wâsij, dans un district de Fârâb
en 259/872 ; il est mort à Damas à l'âge de 80 ans en 339/950.
D'une famille de notables, envoyé jeune à Baghdâd, il fut formé
par un nestorien, Yohanna ibn Haylam de l'école grecque
d'Alexandrie. Il aurait connu soixante-dix langues en plus de
l'arabe, du persan et du turc. Il reçut une éducation classique :
grammaire, logique, philosophie, mathématiques, sciences et
musique. Il semble avoir été shî'ite, et il resta à partir de 941 au
service de Sayfod-dawla de la dynastie shî'ite des Hamdânides à
Alep.Il vécut très simplement, se consacrant à l'étude et à la
musique dans laquelle il excellait ; il lui consacra un des plus
importants traités du Moyen Age.

Marqué par l'école aristotélicienne de Baghdâd il est un successeur de la philosophie grecque, voulant concilier Platon et
Aristote pour retrouver leur source commune, chaldéenne. Il
voyait dans la philosophie prophétique la seule source de
connaissance que les religions n'approchent que par des symboles.

Sa première innovation fut de poser la distinction métaphysique
entre l'essence et l'existence, celle-ci n'étant qu'un accident, un
prédicat de celle-là. Cette conception gouvernera toute la métaphysique en islâm jusqu'au XVIe siècle, où *Mollâ Sadrâ Shîrâzî** donne le primat à l'existence. Sa théorie de la procession des
intelligences est aussi originale. Le désir du premier être de se
connaître engendre la première intelligence ; celle-ci par un
triple acte de contemplation produit l'émanation d'une intelligence, d'une âme et d'un ciel. Ce processus se répète jusqu'à la
dixième intelligence, l'« intelligence agente » ('aql fa''âl), ou le
« donateur de formes », parce qu'elle introduit les formes dans
la matière et leur connaissance aux hommes. Sa faiblesse, son
impossibilité de n'émaner que de l'un provoque l'apparition de
la multiplicité, les âmes humaines et les natures corporelles.

C'est l'union, la jonction avec cette intelligence agente (l'esprit saint) qui produit la prophétie,la da'wa.

A partir de *la République* et des *Lois* de Platon il établit une vaste philosophie politique dans trois ouvrages sur la cité idéale. La direction de cette cité doit être réservée à l'Imâm, celui qui a accédé à la félicité dans la contemplation des réalités spirituelles par l'intelligence agente. La cité idéale a une vocation eschatologique ; il s'agit de mener ses citoyens à la contemplation, pour préparer la Grande Résurrection. Elle reproduit l'idéal shî'ite du nouvel ordre qui sera instauré sur terre lors de la parousie du XIIe Imâm, l'Imâm Mahdî, dans l'attente de la résurrection.

On lui attribue une centaine d'ouvrages dont de vastes commentaires d'œuvres d'Aristote ou de Platon et son influence fut déterminante pour la philosophie en islâm, notamment pour Averroës, mais aussi surtout pour Avicenne qui s'en réclame et en est le véritable continuateur.

FÂTIHA

« L'ouvrante » est la première sourate du Qor'ân. On la nomme aussi *Ummu'l-Kitâb*, « mère du livre » ou « fondement du livre » et comporte sept versets. C'est une prière introductive qui a une importance liturgique essentielle. En effet elle est récitée avant chaque prosternation (raq'a) donc au moins dix-sept fois par jour.

FÂTIMA

Fille du prophète et de Khadidja ; épouse de 'Alî*, mère de Hasan* et Hoseyn*, elle est un des personnages musulmans les plus vénérés, spécialement par les shî'ites. On a coutume de l'appeler la « resplendissante », al-Zahrâ, et elle personnifie la compassion divine. On lui attribue souvent aussi le nom de *Fâtir*, créateur (dans l'ismaélisme*), idée liée à son titre *Ummu Abîha* « Mère de son Père ». On lui attribue ainsi un rôle et une position cosmologique particuliers qui en font le complément du couple Adam-Eve. Un grand nombre de légendes ont trait à Fâtima ainsi que des drames théâtraux (ta'ziye) en Iran.

On ne connaît pas la date de sa naissance ; elle aurait épousé 'Alî en l'an 2 h. alors qu'elle avait entre 15 et 21 ans. Le ménage aurait été très pauvre. Hasan naquit en 2/624, Hoseyn en 3/625 ; elle eut en outre deux filles Umm Kulthûm et Zaynab et un fils mort-né. Après la mort du Prophète, elle se serait opposée à

Abû Bakr qui aurait profité que 'Alî et elle s'occupaient de l'inhumation de Mohammad pour se faire choisir comme khalife, ainsi qu'à 'Omar qui aurait voulu brûler leur maison. Fâtima leur aurait dit : « Vous avez abandonné la dépouille de l'envoyé de Dieu entre nos mains et avez décidé entre vous sans interpeller, sans respecter nos droits. » On rapporte aussi cette invocation : « O père, ô envoyé de Dieu ! que de malheurs avons-nous subis après ta mort de la part de 'Omar et Abû Bakr ! » A propos de l'héritage du Prophète, Abû Bakr aurait aussi refusé de satisfaire la demande de Fâtima touchant la terre de Fadak et le tribut de Khaybar. Fâtima tomba malade et mourut vraisemblablement en 11 h., six mois après son père.

FATIMIDES

Dynastie shî'ite ismaélienne fondée en 910 par 'Ubayd Allâh al-Mahdî, en Afrique du Nord. Les khalifes-Imâms fatimides descendaient d'Ismâ'îl, fils du VIe Imâm Ja'far al-Sâdeq.

Les missionnaires ismaéliens avaient ouvert la voie à 'Ubayd Allâh en Afrique du Nord. Venu de Syrie où il résidait, il entra triomphalement à Raqqâda en Afrique du Nord et s'y proclama *Amîr al-mu'minîn** et *Mahdi** le 15 janvier 910. Après avoir pacifié l'Afrique du Nord et avoir vaincu les Byzantins, en 967, le khalife Al-Mu'izz envoya le général Jawhar attaquer l'Egypte ruinée et en proie à la famine. Elle fut aisément conquise et devint à partir du premier juillet 969, à la prise de Fustât, le siège de l'empire. Le khalife restaura l'ordre et créa Le Caire pour son armée. Les Fatimides poursuivirent leurs conquêtes ; la Mekke et Médine se soumirent en 970-71, puis la Syrie. Le règne du khalife al-Mustansir (1036-1094) fut un tournant à partir duquel les difficultés de tous ordres s'aggravèrent jusqu'à la chute du khalifat. Quoique les relations avec l'Empire byzantin et la Sicile devenue normande fussent en général pacifiques, l'Afrique du Nord devint indépendante du khalifat. Malgré la propagande des missionaires l'Empire 'Abbasside résistait et une nouvelle force, les Seldjukides, avec Tughrîl bey en particulier, ne cessa de faire reculer les Fatimides en Syrie puis en Palestine.

Enfin les croisades précipitèrent la fin du khalifat jusqu'à ce que Saladin (Salah al-Dîn) devienne vizir et rétablisse, en 1171, le khalifat 'abbasside et le sunnisme en Egypte. Le pouvoir du khalife avait progressivement disparu au profit de régents, puis peu à peu au profit exclusif des « vizirs de sabre » surtout après Al-Mustansir. Beaucoup de ces vizirs étaient chrétiens. A cette perte de pouvoir s'ajoutèrent les révoltes religieuses ; les combats à l'intérieur de l'armée entre Turcs, Soudanais, Daylamites et Berbères se multiplièrent ; enfin, après la grande prospérité du début reposant sur une grande centralisation, des famines apparurent, l'une d'elle dura sept ans de 1065 à 1074, et l'anarchie devint générale. Le khalifat fatimide fut, toutefois, un des plus grands centres intellectuels de l'histoire islamique dans la littérature, la philosophie, les sciences et les arts comme l'architecture. La culture fatimide se transmit ensuite à deux branches ismaéliennes, le centre d'Alamût, qui fut plus tard détruit par les Mongols, et le Yemen, dont les représentants émigrèrent ensuite en Inde.

'Ubayd Allâh al-Mahdî	909-34/297-322 h.
al-Qâ'im	934-46/322-34 h.
al-Mansûr	946-53/334-41 h.
al-Mu'izz	953-75/341-65 h.
al-'Azîz	975-96/365-86 h.
al-Hâkim	996-1021/386-411 h.
al-Zâhir	1021-36/411-27
al-Mustansir	1036-94/427-87 h.
al-Musta'lî	1094-1101/487-95 h.
al-Amir	1101-30/495-525 h.
al-Hâfiz	1130-49/525-44 h.
al-Zâfir	1149-54/544-49 h.
al-Fâ'iz	1154-60/549-55 h.
al-'Adid	1160-71/555-67 h.

FIDÂ'Î

Terme du vocabulaire traditionnel de la martyrologie, avec *shahîd*, *mojâhid*, ou *fityân*. Il désigne tout individu se sacrifiant pour sa foi par un acte isolé. C'est avant tout un terme religieux, y compris dans les guerres de libération nationale. Le terme était utilisé par les ismaéliens* d'Alamût (les hashishîn) pour désigner l'individu qui sur les ordres de la secte accomplissait un assassinat politique, un meurtre sélectif. Le fidâ'î était celui qui n'hésitait pas à sacrifier sa vie pour faire triompher la vraie foi. Le pouvoir en place considérait ces combattants comme des fanatiques, en langage moderne, des terroristes. Le terroriste contemporain en Islâm ne correspond pas tout à fait au fidâ'î ismaélien qui s'inscrit dans un ordre initiatique et une affiliation spirituelle secrète.

FIKR

Mot signifiant pensée, réflexion et qui, dans la théologie et la philosophie, prendra plus précisément le sens d'une faculté de pensée en acte, distinguée de *idrâk*, faculté intellectuelle de perception intuitive. Dans le soufisme le *fikr** est la méditation, et se distingue du *dhîkr**, remémoration par répétition. Les deux attitudes sont complémentaires mais souvent hiérarchisées, le fikr étant préféré au dhîkr car il est pure pensée, pur envol de l'âme comme l'ascension, *mi'râj**, du Prophète.

FIQH

La science du droit religieux musulman. On le distingue de *'ilm*, la connaissance du Qor'ân, de son interprétation, et des traditions du prophète et des compagnons. Le fiqh désigne plutôt les décisions juridiques prises en l'absence de lois précises tirées du Qor'ân ou de la *sunna*. Elles reposent sur le raisonnement analogique (qiyâs) et le consensus de la communauté (ijmâ'). Peu à peu on reconnut comme source de droit à côté du Qor'ân, et de la sunna, l'*ijmâ'** et le *qiyâs*. Il semble que des éléments des droits byzantin et talmudique, du droit canon chrétien oriental et du droit persan aient été introduits dans le fiqh lors de sa formation. Le fiqh se serait véritablement constitué vers la fin du premier siècle de l'hégire, début VIIIᵉ, par l'intermédiaire d'écoles de droit à Médine, en Syrie et à Kûfâ, l'Iraq en ayant été le centre. Elles se transformèrent peu à peu pour donner naissance à sept écoles juridiques dont quatre survécurent. L'école de Kûfâ devint le *madhhab** hanafite**, celle de Médine le *madhhab Malikite** ; les partisans d'Al-Shafi'î (mort en 204/820) fondèrent le *madhhab shafi'ite*, et les disciples d'Ahmad b. Hanbal créèrent l'école *Hanbalite.** Le droit shî'ite est en gros semblable au droit sunnite, s'en distinguant seulement par la théorie de l'Imâmat.**
A partir du IXᵉ siècle, dans le sunnisme, on considéra peu à peu que l'*ijtihâd** était clos avec les fondateurs des écoles juridiques

et les seules nouveautés introduites par la suite furent les fatwas édictées par les muftis à partir des principes du fiqh (usûl al-fiqh).

FIRQA

Terme générique désignant les factions, les divisions. La *Um-ma* islâmiyya* (communauté musulmane) devrait être unitaire, rassemblée dans la révélation, et dans une direction temporelle. Dès la mort du Prophète, les interprétations concurrentes des textes, les rivalités politiques, la revanche de certains clans divisèrent la communauté. C'est ce que l'on appelle « al-fitna* al-kubrâ », la grande épreuve.

Les premières divisions ont un fondement politique. Pour les shî'ites, 'Alî avait été désigné par le Prophète pour lui succéder, et c'est par ruse qu'une partie de la communauté a fait élire Abû Bakr khalife, ignorant la nature du khalifat qui doit s'identifier à l'Imâmat. Lors de la bataille de Siffîn en 37 h. (657), s'opposent les légitimistes autour du khalife 'Alî et les Omayyades. Les Omayyades, victorieux, emporteront l'adhésion de la majorité. Le parti de 'Alî deviendra minoritaire. Les sunnites se désigneront comme *ahl al-sunna wa'l-jamâ'a*. Dans chaque groupe, shî'isme et sunnisme, auront lieu encore d'autres divisions. Les firqas s'opposent parce qu'elles sont l'expression de vérités concurrentes sur les données de la foi. La division de la communauté est annoncée par le prophète, et condamnée : « Ma communauté se divisera en 73 sectes ; toutes seront pour l'enfer, à l'exception d'une seule, celle à laquelle j'appartiens, ainsi que mes compagnons. »

Il n'y a pas d'islâm orthodoxe ; le shî'isme et le sunnisme se sont déterminés l'un par rapport à l'autre, simultanément, sur une opposition doctrinale. Les réformistes, puis les islamistes, conscients de la nécessité de l'unité de l'islâm, tendent à gommer les différences. Cette volonté sous-tend le rejet de la tradition et le recours, comme référence, aux seuls Qor'ân et sunna.

FITNA

La fitna est l'épreuve, la tentation. Elle a un sens politique et religieux précis. La communauté musulmane est supposée se définir comme une unité, régie par un code et une foi qui prennent leur source dans la prédication du Prophète. A l'unité et à l'unicité divine doit correspondre une communauté indivise et unique, détentrice de la vérité révélée. La fitna est la tentation de la division qui fait scandale parce qu'elle altère la communauté dans sa vocation à attester l'unité divine dans son organisation politique même et parce qu'elle tend à l'égarer en semant le trouble sur sa mission. Un verset qorânique affirme cette nécessité : « Seigneur ! ne nous mets pas en fitna devant les incrédules ! » ; à quoi fait écho un Propos du prophète : « Après moi éclatera une fitna telle que le croyant du matin sera, le soir, un infidèle, et que le croyant du soir sera, le lendemain, un infidèle, excepté ceux que Dieu vivifiera par sa Science. » La fitna historique, *al-fitna al-kobrâ*, la grande épreuve, demeurera un traumatisme pour la communauté et conditionnera la recherche d'un âge d'or, de l'unité du commencement, celle des compagnons. Elle a lieu dès la mort du Prophète par la désignation de son successeur, le khalîfat al-nabî. Le khalifat*-imâmat* des partisans de 'Alî s'autorise de la lecture du Qor'ân et de la désignation spirituelle de Qadir Khomm* ; alors que l'acclamation d'Abû Bakr au khalifat est soucieuse de la cohésion communautaire. Trois grandes *firqa** sortent de la confrontation de Siffîn, les *kharijites** (khawârij), les *shî'ites*, et les *sunnites*.

Le réformisme, à la suite d'ibn Taymiyya, pensera reformer la communauté unie en revenant aux principes de la première communauté, celle des « compagnons », des « pieux anciens ». L'islamisme lui-même tentera de définir un État de la pré-fitna, mais sera à son tour accusé de produire une fitna en remettant en cause l'état de fait. Ils seront la cible de la propagande et de la répression impitoyable des États en place au nom d'une légitimité islamique, comme les shî'ites l'avaient été au nom du légitimisme sunnite. Ne leur restera plus que la révolte violente, l'assassinat individuel du *fidâ'î**.

FRÈRES MUSULMANS

L'association des frères musulmans, *jamâ'at al-Ikhwân al-muslimîn*, a été créée par Hasan al-Bannâ, en mars 1928, à Ismâ'iliyya. Elle est sunnite. Deux grandes lignes politiques définissent l'association à l'époque de sa fondation, la lutte anticoloniale et le renouveau islamique inspiré du réformisme, *Islâh*. C'est, à l'origine, une association qui a pour but l'islamisation de la vie publique par le rétablissement de la *sharî'a**. Elle a multiplié ses réseaux de sympathisants dans toute l'Egypte et le monde arabe. Elle est la référence historique de tous les groupes islamistes. La répression extrêmement brutale à laquelle ils durent faire face sous Nasser, a conduit certains frères musulmans à la radicalisation. Le deuxième maître à penser de l'association est *Sayyed Qotb*, qui fut comme Bannâ exécuté. A partir de lui des tendances islamistes prônant le recours à la violence vont apparaître. L'association, elle, tente toujours de conquérir une position officielle dans le jeu politique en Egypte ; elle utilise principalement la conversion pacifique et recrute surtout parmi les personnes coupées de leurs racines traditionnelles.

L'association s'est étendue à l'ensemble du monde musulman ; elle oscille entre la reconnaissance officielle comme groupe de pression, comme en Egypte ou en Jordanie, et l'usage de la violence insurrectionnelle, comme en Syrie. Elle a, la plupart du temps, à affronter une répression brutale. En Egypte, face à l'activisme de certains, elle a représenté une tendance modérée. De 1951 à 1973 elle a été dirigée, en Egypte, par le Guide général, Morshîd 'amm, Hudaybî, puis à partir de 1974 par Tilimsanî.

FÛZÛLÎ

Le plus grand poète ottoman, Fûzûlî était de langue turque d'Azerbaydjân. Il est né près de Baghdâd en Iraq. Il était shî'ite, et a été gardien au tombeau de l'Imâm 'Alî à Najaf. Il a dédié des poèmes de jeunesse au souverain safavide Shâh Esmâ'îl qui avait pris Baghdâd en 1508. Après la conquête de l'Irâq par Soliman le Magnifique, il a gagné la faveur des Ottomans. Quoique désirant s'établir à Istanbul, il ne put jamais quitté Baghdâd. Il mourut lors d'une épidémie de peste en 1555 (963 h.). Il s'est révélé être le maître du langage fleuri. Il a illustré le thème de l'amour mystique tout en faisant intervenir parfois des éléments profanes, peut-être autobiographiques. Son œuvre la plus connue est l'histoire de Leylâ et Medjnûn. Il a laissé aussi des dîvâns en persan et en arabe, ainsi qu'un recueil de vers dédié aux martyrs de *Kerbelâ**.

G-H

GABRIEL

Voir Jabrâ'il

GHAYB

Terme qorânique signifiant le « mystère ». Il désigne tout ce qui ne peut être connu par les sens ou la raison mais aussi l'absence opposée à la présence (shuhûd). En tant que mystère il est l'inconnaissable révélé dans le Qor'ân et fonde donc la foi et la conduite de l'homme sur la voie droite (hidâya). Il est donc aussi ce qui est compris dans la science divine que Dieu accorde aux prophètes selon son décret. Il s'étend alors à la notion de monde caché, opposé au monde sensible, dépassant la raison et objet de la gnose (voir *ma'rîfa**) dans le soufisme.
Celui-ci a coutume de le diviser en trois régions le *Jabarût*, le *Malakût*, et le *lahût*, le monde de l'essence divine. Dans le shî'isme, l'Imâm non seulement connaît le ghayb et y participe, mais il est la clef du mystère pour les hommes et la preuve vivante de la révélation de la transcendance divine. Il est le pôle mystique de la gnose.

GHAYBA

Formé à partir du verbe ghâba, il désigne à la fois l'absence et l'occultation d'un personnage révéré pendant une certaine période, effet d'un miracle divin. On emploie ce mot pour désigner l'occultation de *Khezr**, mais aussi d'un *Imâm**, dont le terme fixé à l'avance le révèle comme *Mahdî* lors de la parousie.
Chez les shî'ites duodécimains, la ghayba désigne une période historique qui conditionne le sens de l'histoire. L'occultation sera celle du XIIe Imâm qui a disparu étant encore enfant et dont l'existence est prolongée jusqu'à la fin des temps. On la divise en deux parties ; « la petite occultation », de 260/874 environ à 329/941, période durant laquelle il exerce son autorité par des représentants, les safîrs ; « la grande occultation » débuta lorsque le quatrième safîr ne transmit pas son autorité à

un successeur et où l'Imâm caché entre dans une absence ponctuée par des apparitions miraculeuses. Quoi qu'il soit occulté, l'Imâm continue à vivre et maintient sa sauvegarde sur la communauté, communiquant même parfois avec certaines personnes. Cette occultation est le problème majeur pour le shî'isme. Son absence est compensée, sur le plan légal, par les *mojtaheds.* Certains actes tels que le *jihâd* sont théoriquement conditionnés par la décision de l'Imâm. Les Ismaéliens donnent à l'occultation des Imâms le nom de satr, et une valeur différente.

HADÎTH

Littéralement « propos » ; les traditions rapportant les actes et paroles du Prophète, et des imâms pour les shî'ites. L'ensemble constitue la Sunna. Très tôt, certains notèrent des hadiths ou les retinrent par cœur. Al-Shâfi'î (mort en 204h./820) fit du hadîth le second fondement du droit après le Qor'ân. On commença donc à composer des recueils de hadiths. Il fut alors nécessaire de créer une technique de critique du hadîth. Cette critique se fonde sur les chaînes de transmission (*isnâd*) remontant au Prophète et la nature du texte. On classifia ainsi les hadîths et on composa des biographies des personnages qui transmettaient ces traditions. Les hadîths sont jugés sains (sahih), bons (hasan), faibles, ou malades. Les premiers recueils de hadîths furent composés en fonction des isnâds. C'est au IIIᵉh./ IXᵉ siècle que l'on composa les recueils les plus importants, classés par matière cette fois. Les deux recueils unanimement reconnus à partir du Xᵉ siècle sont les *Sahîh* respectifs de Bukhârî et de Muslîm. Les shî'ites y adjoignent trois recueils qui regroupent aussi les traditions des Imâms, celui de Koleynî (mort en 328h./939), Ibn Bâbûyeh (mort en 381h./991), Tûsî (mort en 459-60h./1067-68). On distingue usuellement les *hadîths qodsî* contenant les paroles de Dieu des *hadîths nabawî*, les paroles de Mohammad.

HADRA

Terme mystique signifiant « présence », dans le sens de « présence de Dieu » ou encore « être en présence de Dieu ». Son sens peut s'étendre jusqu'à désigner les plans d'être. Ibn 'Arabî parle de cinq plans de présence de l'essence divine. Les hadarât sont les cinq plans de la descente, tanâzolât, de l'essence divine suivant ses Noms. La première théophanie, celle de l'essence, *hadrat al-dhât* correspond au monde du mystère absolu ; la présence des Noms et des Attributs, au monde des Intelligences, des Esprits, le *Jabarût* ; la présence des opérations divines, au monde des âmes, le *Malakût* ; la présence de l'Image et de l'Imagination active, au monde imaginal *('âlam al-mithâl)* ; la présence du sensible et du visible, au monde sensible. Chacun de ces plans d'être est double, et c'est cette dualité créateur-créature, *bâtin-zâhir*, qui engendre une présence au plan immédiatement inférieur. La présence est l'acte par lequel Dieu se révèle à lui-même. De même « l'émanation de l'être » est nommée « madhhabu'l-hadarât », littéralement, le sîte de la venue en présence.

HÂFEZ

Shams al-dîn Mohammad Shîrâzî serait né à Shîrâz en 726h./1325-6 où il aurait passé la plus grande partie de sa vie. On le considère comme le maître de la poésie persane de forme ghazal et il est surtout connu pour son diwân (recueil de poèmes) qui est révéré dans tout l'Iran. Il serait mort à Shîrâz en 791h./1389 ou 792h./1390. Son père est sans doute mort dans sa jeunesse laissant sa famille dans le dénuement. Il semble avoir eu néanmoins une profonde culture arabe et des sciences islamiques et son titre *Hâfez* signifie qu'il connaissait le Qor'ân par cœur. C'est sous le règne de Shâh Shujâ' (759-86h./1358-84) qu'il atteignit sa pleine maturité poétique et sa renommée la plus grande. Il aurait subi une disgrâce de 10 ans de 1366 à1376 pendant laquelle il aurait habité à Isfahân ou Yazd avant de revenir à Shîrâz. Son diwân aurait été publié en 770h./1368. Le nombre de ces poèmes varie selon les éditions et les manuscrits de 495 poèmes à 994 poèmes. Les interprétations de sa production poétique sont divergentes. Une des particularités de son style, rendue possible par la nature de la composition poétique dans la littérature orientale, est la multiplication des thèmes traités dans chaque poème. Il aborde des thèmes essentiellement mystiques, mais on peut aussi parfois observer des allusions à sa vie et des critiques politiques.

HAJJ

Le pèlerinage à la Mekke, 'Arafât et Minâ, l'une des cinq obligations de l'islâm (arkân). On distingue le pèlerinage effectué dans le mois prescrit, ou grand pèlerinage, du petit pèleri-

nage, 'umra, effectué à toute période. L'islâm a donné aux
pèlerinages anté-islamiques une nature et des rites nouveaux. Il
prend son origine dans la construction de la *Ka'ba** par Ibrahîm
et son fils Ismâ'îl. La décision d'instituer le pèlerinage obligatoire a coïncidé avec le transfert de l'orientation de la prière, la
qibla*, de Jérusalem à la Ka'ba. En l'an dix de l'hégire se situe
le « pèlerinage de l'adieu » du Prophète au cours duquel fut fixé
un certain nombre de pratiques et où fut adopté le calendrier
lunaire de 12 mois. Le pèlerinage a toujours lieu dans la
première quinzaine du mois de Dhû'l-Hijja et est donc, comme
toutes les fêtes musulmanes, décalé chaque année de 10 à onze
jours. Le pèlerinage est obligatoire pour tout musulman libre,
pubère et sain d'esprit, à condition qu'il ait les moyens de
l'accomplir. Le pèlerinage bien accompli vaut au pèlerin le
pardon de ses péchés.
Il y a eu une augmentation régulière du nombre des pèlerins, au
XXᵉ siècle, qui devrait atteindre trois millions en 1990. L'accès
aux lieux saints pour les pèlerins non saoudiens a été limité à
une fois tous les cinq ans par l'État saoudien. C'est un des
éléments majeurs de la contestation de l'attribution de la garde
des lieux saints à l'Arabie Saoudite, notamment après le massacre des pèlerins iraniens à la Mecque en août 1987 ; cette
contestation vise à l'établissement d'une autorité purement
religieuse et impartiale sur le pèlerinage.Les Saoudiens en
prenant le contrôle de la péninsule se sont de facto attribués la
garde des lieux saints à la suite de la famille Hâshémite. Le
pèlerinage constitue un moment important de la vie collective
de la *Umma**. Le pèlerinage et les lieux saints représentent un
enjeu spirituel et politique de premier plan.

HÂL

Il faut établir une distinction entre le hâl, l'état d'extase mo-
mentané esthétique par exemple, et le hâl dans la « science des
cœurs » du soufisme.
Hâl est un terme du lexique technique soufi. Il est dérivé du
Qor'ân (8:24), où il est employé sous sa forme verbale pour
désigner l'intervention de Dieu entre l'homme et son cœur. Les
ahwâl sont, dans la « science des cœurs », 'ilm al-qolûb, les états
mystiques, provoqués dans le cœur du fidèle par une grâce
divine. Les ahwâl ont été classés différemment suivant les
époques et les auteurs et ont peu à peu été identifiés aux grâces

elles-mêmes. Les ahwâl jalonnent la transformation du cœur qui cherche le *tawhîd*.*

Al-HALLÂJ

Célèbre mystique ; la vie qu'il a adoptée, très controversée, l'a mené au martyre. Il est né aux alentours de 244h./858 à Tûr en Iran. Initié au soufisme par Sahl al-Tustarî, il s'est consacré à l'apostolat de l'union par l'amour, *'eshq*, par l'annihilation de soi-même. Il est un des soufis exemplaires de l'unicité du témoignage, wahdat ul-shuhûd. Cette voie mystique a conduit Hallâj à prononcer le paradoxe « anâ 'l-Haqq » « je suis al-Haqq » qui est au centre des accusations portées contre lui ; accusation d'incarnationnisme, holûl. Son apport a été décisif pour la formation du vocabulaire soufi. Il fut emprisonné neuf ans, puis condamné et exécuté. Il fut supplicié le 26 mars 922 à Baghdâd, exhibé encore vivant et achevé le lendemain ; ses cendres furent jetées dans le Tigre du haut d'un minaret. Ses dernières paroles furent : « Ce qui compte pour l'extatique c'est que l'unique le réduise à l'unité. »

HANAFITES

Une des quatre écoles religieuses sunnites du nom du docteur Abû Hanîfa al-Nu'mân ben-Thâbit (mort en 150h./767), dérivée de l'école de Kûfa. Les plus hautes autorités de l'école sont les compagnons d'Abû Hanîfa, Abû Yûsuf et Al-Shaybanî. C'est la plus ancienne école juridique sunnite subsistante. Elle s'appuie sur le Qorân, la Sunna et l'opinion personnelle en droit religieux, pratique qui a fait d'elle la cible des traditionnalistes. Elle s'est répandue jusqu'en Chine et a été le *madhhab** favori des Seldjoukides et des Ottomans. Elle est demeurée la source du droit musulman dans la plupart des anciennes provinces ottomanes arabes.

HANBALISME

Une des quatre écoles juridiques sunnites, issue de l'enseignement d'Ahmad ben Hanbal (mort en 241h./855) dont les œuvres principales sont le *Musnad* et les *Masâ'il*. Par principe hostile au *kalâm**, la théologie spéculative, et au soufisme, cette école ne veut fonder son enseignement que sur les seuls Qorân et Sunna.* C'est au IXe siècle que se constitue vraiment l'école, en expansion jusqu'à sa condamnation officielle en 935 à cause de

son acharnement dans la lutte contre le shî'isme et le mo'tazilisme* ainsi que pour sa volonté de réformer le khalifat. Au
XIᵉ siècle, après la lutte contre la dynastie shî'ite* des Bouyides
(voir 'Abbassides*, a lieu la réaction orthodoxe hanbalite la plus
active contre le soufisme et le shî'isme ; jusqu'à la première
moitié du XIIIᵉ siècle, c'est l'âge d'or du hanbalisme marqué
par l'œuvre du grand docteur Âbû'l-Wafâ ibn 'Aqîl (mort en
513h./1119-20) et par le fondateur du grand ordre soufi des
Qâdiriyya, le Shaykh Abd al-Qâder al-Jîlî (mort en 561h./1166).
La période mamlûk puis surtout ottomane vit un affaiblissement
du hanbalisme. Néanmoins le hanbalisme avec la figure d'Ahmad ibn Taymiyya (mort en 728h./1328) ressurgit sous une
forme militante avec le *wahhâbisme** fondé par le Shaykh
Muhammad b'Abd al-Wahhâb (mort en 1206h./1792) qui
conduisit à fonder l'État saoudien dès 1157h./1744. Quoique
fortement contesté le mouvement a marqué l'islamisme *syro-
égyptien de Rashîd Reda (mort en 1935).

HAQÎQA

Terme non qorânique, dérivé de haqq, haqîq est un substantif
abstrait. Quoi que l'on puisse traduire haqîqa par vérité, celle-ci
n'ayant pas la valeur d'adéquation au réel mais de réalité
essentielle, son sens varie suivant les registres dans lesquels elle
est employée. En rhétorique elle s'oppose à majâz « méta-
phore » et à kayfiyya « analogie » pour signifier « le sens
propre, divin et définitif ». Dans le cadre de la philosophie
hellénistique, la falsafa, elle prend un sens logique et ontologique ; vérité dans l'intelligence de la chose telle qu'elle est, par
le jugement logique. Elle va alors jusqu'à prendre le sens
d'« existence propre » essentielle de la chose.
Dans le cadre du soufisme avant Ibn 'Arabî* elle garde son sens
de vérité, saisie du réel dans le cadre de l'expérience mystique ;
après *Ibn'Arabî* elle devient réalité essentielle du réel dans
l'unicité de l'existence, dans la mesure où l'être se réalise dans
l'existence qui le révèle. Ainsi l'univers a-t il une haqîqa, la
manifestation des attributs* divins ; l'expérience mystique est
alors la réalisation du nom divin qui se manifeste en nous et qui
aspire à retourner à Dieu.
De cette conception dérivent un certain nombre d'expressions
telles que *haqîqat u'l haqâ'iq*, réalité primordiale des réalités
spirituelles ; *haqâ'iq ul-asmâ'*, réalité des noms divins indiquant

que ceux-ci sont réalisés par la compassion de Dieu ; *haqîqa mohammadiyya** première manifestation de l'essence divine.

HAQIQA MOHAMMADIYYA

L'idée d'une réalité prophétique éternelle, la Vérité mohammadienne, provient de l'idée de la colonne de lumière, 'Amûd al-Nûr, ou Lumière mohammadienne, Nûr Mohammadî, d'origine shî'ite. Il y a une prophétie primordiale qui manifeste l'essence divine, le « trésor caché » qui désire être connu ; c'est la Vérité mohammadienne, épiphanie complète de l'essence divine, mystérieuse.

La haqîqa mohammadiyya est le premier émané, la seule vérité connaissable du mystère divin. Selon un propos de Khezr* rapporté par Tostârî, « Dieu la créa, elle resta seule devant lui 100 000 ans, et il lui lançait chaque nychtémère 70 000 œillades (...), puis il créa d'elle toutes les créatures ». Elle est l'être mis à l'impératif, au-delà duquel n'est rien d'autre que l'acte qui établit l'être.

C'est la première intelligence, l'Adam vrai (Adam haqîqî, Insân Kabîr), le Pôle des Pôles, antérieur à l'Adam terrestre. Elle est investie de la prophétie éternelle et convoque la création à l'attestation universelle. Les hadîths attribués au prophète à propos de cette réalité primordiale sont nombreux. « La première chose que Dieu créa fut ma Lumière » ; « J'étais déjà un prophète, alors qu'Adam était encore entre l'eau et l'argile ». D'autres propos du Prophète se réfèrent à la bi-unité essentielle de la haqîqa mohammadiyya « Moi et 'Alî, nous sommes une seule et même lumière ». La haqîqa mohammadienne est double, prophétie, nobowwa, ésotérique de cette prophétie, la walâya, dont le prophète et les Imâms sont les épiphanies terrestres.

C'est la première intelligence, chez les ismaéliens, assimilée à l'Esprit-Saint, Gabriel, ou encore à l'homme parfait, Insân Kamîl, épiphanie parfaite de tous les noms divins. C'est la face même de Dieu, qui ne peut périr et hors de laquelle il n'est pas de connaissance de Dieu possible. Toute prophétie n'est telle que parce qu'elle manifeste partiellement cette réalité prophétique primordiale. La haqîqa mohammadiyya est le plérome des Quatorze Immaculés, Mohammad, sa fille Fâtima, et les douze Imâms, qui sont chacun une seule et même réalité, la Lumière prophétique prééternelle.

HAQQ

Haqq est un des Asmâ' al-Husna qui a le sens de réel. Il apparaît déjà dans la poésie anté-islamique comme quelque chose de droit, vrai, juste, réel et signifie, à l'origine, fait établi et donc réalité. Dans le Qor'ân il est opposé à *bâtil*, vain, irréel.

Il signifie aussi obligation juridique regroupant la division fondamentale entre les prescriptions légales de Dieu et celles de l'homme. Dans le soufisme al-Haqq est le nom qui désigne Dieu lui-même. Il se distingue de *haqîqa*. Haqq en vient à désigner l'essence non manifestée de Dieu alors que Haqîqa désignera l'essence des choses, les attributs divins. L'expression qorânique (Qor'ân LVI, 95) haqqu'l-yaqîn désigne la « certitude réelle » succédant dans l'expérience extatique à la certitude visuelle ('aynu'l-yaqîn) et intellective ('ilmu'l-yaqîn).

HARÂM

L'interdit, le sacré. Dans le domaine légal, il désigne les actes strictement interdits et passibles d'une peine afflictive, hadd. Ce nom peut aussi désigner un endroit réservé, protégé et interdit à celui qui n'en fait pas partie, le gynécée, la partie de la maison réservée aux femmes et à l'époux. Il est interdit de transgresser cette limite qui sépare l'intimité de l'extérieur. Il peut donc aussi désigner une enceinte sacrée, interdite à ceux qui n'en sont pas dignes ou qui ne sont pas purifiés. Masjid al-Harâm désigne ansi l'enceinte sacrée de la Mekke, interdite au non-musulman.

HASAN

Le second Imâm al-Hasan, surnommé al-Mojtabâ, l'Elu. Fils de l'Imâm 'Alî et de Fâtima, la fille du prophète, il est né en l'an 3 de l'hégire (624) à Médine. Il choisit de s'abstenir de toute intervention dans le domaine politique et parvint à un accord avec le khalife Mo'âwiya. Il est mort empoisonné sur l'ordre de Mo'âwiya en 669 (49h.) à Médine. Il est enterré au Baqî', le cimetière de Médine détruit par les *wahhabites* après leur victoire en 1924 qui vit la création de l'Arabie Saoudite.

HASHISHIN

Voir Nizâri.

HÉGIRE

Forme latine de l'arabe « hijra », séparation, rupture d'une association. L'hégire à Médine est un des épisodes les plus importants de l'histoire du Prophète et de l'islâm.

Lors de la mort d'Abû Tâleb, Abû Lahab, lié à des ennemis notoires de Mohammad, avait pris la tête du clan du Prophète. Celui-ci avait perdu l'appui de son clan. Il engagea donc des pourparlers avec les clans médinois les plus importants et aboutit, pendant le pèlerinage de juin-juillet 622 à un accord, le « serment de guerre », « bay'at al-harb ». Les clans de Médine prendraient les musulmans sous leur protection. Avant l'accord, Mohammad avait encouragé ses partisans à émigrer à Médine ; soixante-dix allèrent à Médine, et il ne resta plus à la Mekke que le Prophète, Abû Bakr et 'Alî avec leurs familles. Les qorayshites décidèrent de tuer Mohammad. Lorsqu'ils pénétrèrent dans la maison du Prophète, celui-ci s'était enfui avec Abû Bakr laissant 'Alî dans son propre lit pour faire croire qu'il était endormi. Poursuivis, ils se cachèrent trois jours dans une grotte où Dieu les protégea en faisant tisser une toile d'araignée à l'entrée. Ils arrivèrent à Médine par le sud, à Qubâ', le 24 sept. 622 (12 rabî' 1h.).

Les musulmans émigrés à Médine, les mohâjirun, jouissaient d'un statut privilégié qui fut progressivement étendu à d'autres catégories de musulmans, notamment les tribus arabes clientes du Prophète. La communauté fut organisée par la « constitution de Médine ».

Le calendrier musulman est lunaire ; un mois intercalaire rectifie régulièrement la différence avec le calendrier solaire. L'ère musulmane est dite ère de l'hégire car elle débute lors de l'émigration à Médine. Le début du calendrier hégirien n'est pas la date de l'arrivée à Qubâ' mais le début de l'année de cet événement, le premier jour de la lune du mois de moharram, 16 juillet 622.

Le terme *hijra* joue un rôle important dans l'imaginaire musulman. Dans l'islamisme contemporain il répond à la rupture entre l'Etat, pécheur, fâsiq, et la société civile demeurée musulmane. Puisque les conditions ne sont pas remplies pour le renverser, il est nécessaire de suivre l'exemple du Prophète et de rompre avec l'Etat « démoniaque », en émigrant. La hijra correspond donc d'abord à une condamnation en conscience d'une situation et à une stratégie révolutionnaire conforme à la démarche prophétique. Des groupes islamistes, par exemple le groupe « takfir wa hijra », « excommunication et hégire », responsable de l'assassinat de Sadate, en font un de leurs éléments doctrinaux de base et ont développé, en Egypte en particulier, des réseaux d'habitation d'« émigrés ».

HEZB

Terme d'origine qorânique désignant le groupe, la faction qui réunit les adeptes d'une doctrine ou les partisans d'un homme. Il a été intégré au vocabulaire politique au XXᵉ siècle avec le sens de parti politique. Il commence à apparaître avec ce sens pendant la lutte anticoloniale contre les Britanniques vers 1890. Il désigne alors à la fois un groupe humain caractéristique et le groupe qui représente et défend ses intérêts. Le mot est généralement employé avec un sens péjoratif dans le Qor'ân pour désigner les factions opposées à l'islâm, en rebellion ouverte contre la vraie foi, comme la faction de Pharaon, celle des Thamûd, etc. Le mot hezb possède une connotation franchement négative, et c'est bien dans ce sens que les islamistes condamnent les partis politiques affiliés aux États impies. Ils prennent soin en outre de ne pas utiliser ce type de vocabulaire pour se désigner, préférant les mots à connotation positive comme *jamâ'a*, association.

Les factions prennent une connotation péjorative du fait de leur opposition au vrai groupe, le parti de Dieu, le Hezb Allâh. Cet emploi du mot hezb est le seul qui ait un sens positif ; le *hezbollah* est le pôle de la vraie foi, du bon combat, récurrent à travers les âges, à partir duquel est déterminé le caractère factieux des autres adhésions doctrinales, les fanatismes. C'est dans ce sens que l'expression est utilisée par les islamistes, à la fois pour exprimer la nature messianique de leur engagement, et pour se distinguer nettement des partis. Le hezbollah est en fait le seul parti véritable celui qui ne se scinde pas, mais la norme de Dieu à partir de laquelle les autres se déterminent négativement.

HIÉRARCHIE SPIRITUELLE

L'idée qu'il existe une hiérarchie spirituelle cachée qui assure la sauvegarde du monde par son intercession auprès de Dieu est très ancienne en islâm. L'idée de cette intercession des anges ou des saints est d'origine qorânique. La hiérarchie spirituelle est attestée dès le IXᵉ siècle, dans la littérature religieuse, et quoi qu'elle semble être d'origine shî'ite elle se retrouve dans les milieux sunnites, même les plus inattendus, chez les hanbalites* par exemple. Elle est composée de saints apotropéens groupés autour d'un pôle. La configuration de cette hiérarchie varie parfois selon les auteurs et leur appartenance, sunnite, imâmite, ou ismaélienne. Des grandes lignes sont toutefois déterminables. La hiérarchie spirituelle signifie qu'il y a une chaîne de l'initiation spirituelle qui est maintenue après la fin de la prophétie (Mohammad est le sceau des prophètes) et pendant la grande occultation (329h./940), lorsque l'Imâm n'investit plus de lieutenant terrestre, nâ'ib. La hiérarchie des amis de Dieu, les *awliyâ'*, prend sa source dans la hiérarchie des sept prophètes envoyés*, auxquels succèdent les douze imâms. La hiérarchie, dans sa configuration ancienne se compose d'un pôle, qotb, puis en descendant, 3 ou 4 'amûd, les colonnes (les piliers du trône), 7 awtâd, 40 abdâl, saints, 70 nojabâ', nobles, et 300 noqabâ', princes spirituels. Dans le shî'isme imâmite on trouve surtout celui-ci, avec quelques variantes : sous le pôle se succèdent 4 arkân, les piliers (Hénoch, Elie, Jésus, et Khezr), 30 noqabâ', 40 nojabâ' ; on leur adjoint parfois 360 personnes, qui correspondent aux sphères célestes.

Les membres de cette hiérarchie céleste correspondent aux intelligences chérubiniques de la philosophie avicennienne. Ils demeurent cachés et leur nom ne sera connu qu'à la fin des temps. C'est pourquoi on les appelle les hommes du monde caché, *rijâl al-ghayb*. Ils ont pour fonction d'être les yeux de l'Imâm, a'yân, par lesquels il observe ce qui s'y passe. Le chiffre 360 est aussi rapporté au nombre des noms divins. Cette hiérarchie représente aussi alors les épiphanies des attributs divins par lesquels Dieu se contemple.

L'ismaélisme a une hiérarchie spirituelle spécifique, qui est instaurée par la descente d'Adam à Ceylan avec ses 27 compagnons (ils représentent ensemble le plérome archangélique du ciel). Il intronise ses 12 missionnaires, les Dâ'î, qu'il envoie dans le monde, et ses 12 hojjat (les preuves) qui sont l'élite de la hiérarchie. La totalité de la hiérarchie de dix grades, homologue à celle du ciel, se présente ainsi dans chaque cycle : le nâtiq (le prophète envoyé), le wasî (son héritier, le premier Imâm), une heptade d'Imâms, le bâb (seuil de l'Imâm), le hojjat (le garant de l'Imâm), les dâ'î répartis sur trois degrés, le ma'dhûn motlaq, qui reçoit l'engagement des nouveaux adeptes, le ma'dhûn mahsûr, qui cherche de nouveaux adeptes.

HIJÂB

Désigne tout voile placé devant un être pour le cacher. Il est utilisé sept fois dans le Qor'ân dans le sens de « séparation », entre Marie et les siens, entre les damnés et les élus, entre Dieu et l'élu pour protéger celui-ci de la puissance de la manifestation du visage divin, ou encore pour marquer l'isolement des épouses du Prophète.

Le mot a évolué pour prendre quatre significations différentes. Le Hijâb est devenu une institution qui consiste à faire porter le voile à partir de la puberté aux femmes musulmanes. Cette pratique était déjà en vigueur à l'époque pré-islamique et s'est répandue avec l'expansion musulmane, principalement dans les villes et dans les couches sociales aisées, les zones rurales étant moins touchées. Ce mot désigne aussi le voile derrière lequel se tenaient rois et califes pour se soustraire à leurs familiers et semble provenir d'une influence sassanide.

Il est aussi une protection surnaturelle, un talisman rédigé par un shaykh pour protéger celui qui le porte, à la guerre ou dans la maladie.

Enfin dans le vocabulaire mystique il désigne ce qui voile Dieu à l'homme, ce voilement est un resserrement, *qabdh*, de l'organe visionnaire, le cœur, et s'oppose au dévoilement « *kashf* » qui est l'expansion (*bast*) du cœur du mystique. Il existe une série de voiles entre le mystique et son Dieu jusqu'à l'unification. Ces voiles sont les stations mystiques, maqâmât (voir *Maqâm*), qui sont en même temps les manifestations des niveaux d'être réalisés dans le mystique lui-même.

HIMMA

Terme du lexique soufi, la himma est la faculté du cœur à rendre présentes en lui les réalités du monde caché. C'est l'énergie secrète, « qowwa khafiya », du cœur, sa capacité créatrice d'une part, sa capacité de connaissance, le goût intime, dhawq, d'autre part. Elle est donc double. En premier lieu elle est cette concentration du cœur qui produit des images dans l'imagination conjointe à l'individu, khayâl mottasil. Pour le gnostique, la himma se sert de l'imagination qui est alors séparée, khayâl monfasil, pour créer en les projetant les images qu'il réfléchit ; il peut ainsi faire apparaître la forme visible d'un mort avec lequel il veut s'entretenir, ou la forme de Dieu dans le cadre de la prière méditative, monâjât. En fait il rend présente une réalité présente à un autre plan dans la hiérarchie de la présence (voir *Hadra*). En second lieu, la himma produit l'annihilation, *fanâ'*, de l'individualité du mystique pour le conduire à la surexistence, baqâ', par les attributs divins qui s'épiphanisent en lui. A ce moment, la création de la himma devient création divine ;

Dieu crée dans le cœur, qui devient l'œil par lequel Dieu se connaît dans son acte créateur comme Vivant. La himma est alors la connaissance même, le *'ilm qorânique*, qui est science du cœur et non science de la raison, elle est Création au sens propre, khalq. La création par la himma, c'est une occurrence de la création divine continue. La himma est l'énergie secrète du cœur par laquelle Dieu se connaît en créant en son serviteur sa propre forme et lui révèle le mystère de l'essence divine comme le temple du cœur.

HOJJAT OL-ESLÂM

Littéralement « la preuve de l'islâm ». C'est un titre purement honorifique. On le donne à un théologien accompli et d'un rang élevé, mais situé à un niveau immédiatement inférieur à celui d'un ayatollâh. Toutefois il ne correspond pas à une fonction ou à une position hiérarchique définie.

HOSEYN

Le troisième Imâm al-Hoseyn, fils de 'Alî et de Fâtima, est surnommé le prince des martyrs, Seyyed al-Shohadâ'. Il est né à Médine en l'an 4 de l'hégire (625). En 680, il part se réfugier à la Mekke pour ne pas se soumettre au pacte de soumission que voudrait lui imposer le khalife ommeyyade Yazîd, le fils de Mo'âwiya. Appelé par les habitants de Kûfa en rébellion contre Yazîd, il leur adresse une réponse dans laquelle il affirme que son rôle d'Imâm ne consiste qu'à servir Dieu et à assurer la pérennité de la vérité. Finalement il quitte la Mekke en direction de Kûfa le 9 septembre 680, puis établit son camp à Kerbelâ. Là, coupé de l'accès à l'Euphrate et encerclé par les troupes de Yazîd il doit livrer bataille le 10 octobre 680 (10 moharram 61h.) avec ses soixante-douze compagnons. Ils furent tous exterminés, sauf 'Alî son fils, Zeyneb, sa sœur, et quelques femmes qui parvinrent à s'enfuir. Il est enterré à *Kerbelâ** qui devint un des grands pèlerinages shî'ites. Hoseyn est un personnage particulièrement révéré, même par les sunnites ; il fait partie des « cinq du manteau » avec son frère son père sa mère et le prophète Mohammad. Il est nommé avec son frère Hasan « princes des adolescents du paradis ».

HUDÛD

Les limites, les peines affligeantes prévues pour les actes interdits. L'islâm a pour vocation de défendre « les droits de Dieu et les droits des hommes », huqûq Allah wa huqûq al-nâs. Les hudûd sont les châtiments prescrits pour le monde des hommes, complétés par une punition dans l'autre monde, et une malédiction pour les grands pêchés, le fisq. L'application des peines est un devoir de la communauté vis-à-vis de Dieu.

HUWA

Il, le pronom personnel de la troisième personne du singulier masculin. Huwa désigne Dieu dans sa transcendance. Étant l'affirmation du *tawhîd** essentiel, il est l'affirmation testimoniale qui crée le croyant. A la question du covenant (mithâq) « a-lasto bi-rabbikom? », « Ne suis-je donc pas votre Seigneur? » ne peut que répondre l'affirmation « huwa ». Se crée ici la relation logique huwa huwa (Il=Il) qui est le témoignage par Dieu de sa propre ipséité (huwiya). La distanciation qu'opère Dieu dans le covenant est créatrice. L' acte par lequel Dieu se connaît comme *Il*, est l'acte même par lequel *Il* distingue un je *L*'attestant. *Il* se découvre *Lui-même* dans un *je* qui n'est pas *Lui*. L'amour est alors ce qui par le retour à *Lui* qu'il implique reconduit le *je* à sa genèse amphibologique et *L*'atteste dans le *je* qui se sait *Lui*. Or la locution huwa ne renvoie qu'à une affirmation syllogistique « *Il est Il* » qui implique l'être comme moyen terme, qui intercale entre *Lui* et *Lui* une relation qui l'annihile. L'attestation logique se détruit elle-même en n'attestant rien d'autre qu'elle-même, et le sujet qui l'a dite. L'attestation arithmétique dira Hallâj est la négation même de Dieu. Seul Dieu se connaît, le langage étant impuissant à dire cette connaissance.

Ne demeure que la locution théopathique « Hû » des soufis, souffle (nafas) prononcé dans les séances de *dhikr**, qui vise par son intériorisation à abolir sa réalité logique pour produire un état, un hâl. Le soufi exhale ainsi son âme pour s'annihiler (*fanâ'*), et laisser se produire la théophanie qui le reconduit à la surexistence, le baqâ'. Les soufis utilisent la technique du souffle par la répétition des trois inflexions du *H* du nom de Dieu, hû-hâ-hî. La triple vocalisation du Nom divin resserre le cœur, le concentre (*himma**) au point que, recueilli dans la méditation de ce Nom, il crée en lui sa propre forme imaginale qui n'est autre que l'épiphanie du Nom qui est son Seigneur.

I

IBÂDITES

Voir Khârijisme.

IBN 'ARABÎ

Célèbre mystique andalou qui a renouvelé les thèmes du soufisme. Il est né à Murcie dans le sud-est de l'Espagne, le 28 juillet 1165 (17 ramadân 569h.). A l'âge de dix-sept ans il rencontre Averroës. Il fut fortement influencé par la doctrine d'ibn Masarra de l'école d'Alméria, proche du shî'isme imâmite et ismaélien. Il quitta finalement l'Andalousie à cause des difficultés qu'y rencontrait le soufisme pour gagner l'Orient. Sur les huit cent cinquante-six ouvrages qu'il a écrit, il nous en reste cinq cent cinquante. Ses livres les plus célèbres sont *Les conquêtes spirituelles de la Mekke* et *Les gemmes des sagesses des prophètes*. Il mourut à Damas le 16 novembre 1240 (28 rabî' II 638h.) où il est enterré. Son école fut très importante pour la spiritualité en islâm. Il est l'initiateur, dans le soufisme, de la *wahdat al-wojûd*, le monisme existentiel. L'essence divine, la olûhiyya, est inconnaissable, mais elle est déjà révélée comme Nuée, 'amâ, compassion, comme un dieu créé et créateur, dont est créé le premier être, la vérité mohammadienne. L'unité de l'être est la bi-polarité du créateur et de la créature s'appartenant dans une mutuelle attestation d'amour créateur. Il y a donc une création continuelle, une effusion de l'être, à travers la compassion divine qui reconduit l'être à sa source.

IBN RUSHD

Philosophe arabe andaloux, célèbre en Occident pour avoir mis fin, selon la tradition héritée de la scolastique, à la philosophie arabe. Averroës est la transformation latine de son nom. Il est né à Cordoue, en Andalousie, en 520h./1126, dans une famille de juristes célèbres. Après ses études, il alla au Maroc, puis devint en 1169-1170 qâdi de Séville où il rédigea des commentaires d'œuvres d'Aristote. En 1182, le roi almohade

Abû Ya'qûb Yûsuf le nomme son médecin personnel puis l'investit de la charge de qâdi de Cordoue. Il le demeurera sous al-Mansûr jusqu'à ce que sous la pression des théologiens il soit mis en résidence surveillée à Lucena, dans la région de Cordoue, puis au Maroc, où il meurt le 10 décembre 1198 (595h.). Son œuvre est dirigée par le souci de rendre à la pensée d'Aristote son authenticité. Son livre le plus célèbre est la « destruction de la destruction », *Tahâfut al-tahâfut*, dans lequel il s'attache à réfuter l'œuvre d'al-Ghazâlî, la destruction de la philosophie. Ibn Rushd remet en cause les thèses d'Avicenne (voir *Ibn Sînhâ*) et de ses partisans. Il réfute la thèse de l'émanation et son principe selon lequel « de l'un ne peut émaner que l'un », schéma qui dirigeait toute la procession des intelligences chez Avicenne. Il n'y a pas de cause première d'une création successive ; la création est un acte unique, éternel et simultané pour toutes les intelligences. Il affirme aussi, contre l'idée avicennienne de l'intelligence agent donatrice de formes, que le principe d'individuation est la matière elle-même et non une cause extérieure. Par la séparation entre l'intelligence agente et l'intellect en puissance de l'homme-individu, il écarte à la fois l'immortalité de l'individu, réservée à l'intelligence agente, et la possibilité des visions extatiques.

IBN SÎNÂ

Philosophe d'origine iranienne, célèbre en Occident sous le nom d'Avicenne. Son nom est Abû 'Alî Hosayn ibn 'Abdallah ibn Sînâ.

Il est né en août 980 (safar 370h.) à Afshana, dans la région de Bukhârâ ; son père était haut fonctionnaire à la cour sâmânide, et sa famille, ismaélienne, alors qu'il semble que le philosophe ait été lui-même imâmite. Il fut très précoce. À l'âge de 17 ans, il parvient à guérir le prince sâmânide Nûh ibn Mansûr qui l'avait fait venir auprès de lui. C'est la rencontre avec l'œuvre de *Fârâbî** qui lui permet de maîtriser l'œuvre d'Aristote. Après la mort de son père il part à Gorgân où le prince lui permet de tenir un cours public, et où il compose sa grande œuvre médicale, *Le canon*. Il part ensuite pour Hamadân où le prince Shamso'd-dawla lui confère la charge de vizir ; il entame un vaste programe de travail avec ses disciples, en particulier Jûzjânî. Il contacte secrètement le prince d'Isfahân dès la mort de Shamso'd-dawla et, soupçonné de trahison, il est incarcéré à

Hamadân où il écrit son premier récit d'initiation mystique. Parvenu à fuir, il va à Isfahân se placer sous la protection de son prince où il reprend son travail. En 1030 (421h.), le fils de Mahmûd Ghaznavî, le conquérant musulman de l'Inde, prend Isfahân et son grand œuvre, vingt volumes, consacrée à confronter les doctrines philosophiques antérieures à la sienne, qu'il dénomme « *Sagesse orientale* » est détruite. En 1037 (428h.), lors d'une tentative de conquête dirigée par son prince contre Hamadân, il tombe malade et meurt.

Son influence fut déterminante pour la philosophie en Orient et franchit même ses frontières pour produire en Occident ce qu'on a appelé l'augustinisme avicennant. Sa pensée, dans la lignée émanatiste de Fârâbî, conduit à l'élaboration d'une angélologie. La création est le résultat de la contemplation que Dieu a de lui-même ; ce processus se répète dans chaque intelligence. La première intelligence par son premier acte de contemplation de l'Un produit la seconde intelligence ; par le deuxième, elle produit l'âme motrice de son ciel, et par le troisième, le corps d'éther de ce premier ciel, composé de lumière mais aussi de sa dimension inférieure, son ombre. La dixième intelligence, l'intelligence agente, par sa faiblesse générique ne peut dans son acte de contemplation ne produire que la multitude des âmes humaines et la matière sub-lunaire. Cette double procession d'intelligences et d'âmes constitue la double hiérarchie des dix intelligences chérubiniques d'une part et des âmes célestes d'autre part. Aux premières correspond la contemplation, aux secondes l'intellect pratique. Par la figure de l'ange qui est double, contemplation et imagination active qui réalise les formes dans la matière et les fait voir, l'homme en tant qu'individu a accès à la connaissance de l'esprit saint.

IBRÂHÎM

L'Abraham de la Bible, fondateur du culte monothéiste de la Ka'aba. Il est surnommé siddîq, le juste, ou Khalîl Allah, « l'intime de Dieu ». Très tôt Abraham combat le culte des idoles. En butte aux attaques des idolâtres, il soutint la foi en un Dieu unique. Il annonça à son fils Ismâ'îl qu'il devait l'immoler mais le sacrifice est suspendu. Il a construit la Ka'aba et établi les règles du pèlerinage. Abraham est l'archétype de l'ivresse spirituelle, *sokr*, lorsqu'il demande à Dieu « Seigneur fais-moi voir comment tu ressuscites les morts ». Cette ivresse est le

privilège qui lui est accordé mais aussi la limite de son être qui
ne peut se dépasser que dans la prophétie de Mohammad.Il est
appelé hanîf, croyant véridique et l'islâm s'affirme lui-même
comme religion d'Abraham, millet Ibrâhîm. L'Islâm considère
Abraham comme son fondateur et entend rétablir le pur culte
abrahamique, l'attestation de l'Unique. Il fait partie des grands
prophètes avec Adam, Noë, Moïse, David, Jésus, Mohammad.
Il est en outre l'initiateur de la *fotowwa*, le cycle de la chevalerie
mystique qui structure les corporations de métier ; il a séparé le
cycle de la fotowwa de la voie mystique, la *tarîqa*, le pôle de la
fotowwa étant dès lors le 1er Imâm et son sceau le 12e Imâm.
C'est l'épisode du repas offert aux trois anges qui viennent lui
annoncer la naissance d'Ishaq qui offre à Ibn 'Arabî l'occasion
de donner un sens à la figure d'Abraham. La philoxénie d'Abraham est l'illustration de son nom Khalîl Allâh ; par son amour,
dans ce repas mystique offert aux anges, il nourrit la compassion
divine avec les créatures tandis que celles-ci, par le même office,
sont nourries de Dieu. Il est celui par lequel le soupir de
compassion de Dieu pour sa créature trouve son chemin en elles
pour s'en nourrir.

IHSÂN

Un des thèmes clés des professions de foi en l'islâm. L'islâm
requiert du fidèle une complète confiance dans le décret divin.
Cette adhésion au pacte divin se manifeste dans la rectitude de
l'action, l'Ihsân. Il s'agit de faire le bien, tout en ayant conscience de la présence divine. Dieu se dit « plus près de lui
(l'homme) que sa veine jugulaire », et deux anges l'accompagnent régulièrement, celui de la droite notant les bonnes
actions, celui de la gauche les mauvaises. La proximité divine
n'est pas une menace mais au contraire une garantie pour
l'autre vie, le garant de la bonne action et l'absolu pardonneur
pour l'égaré qui se repend. La bonne conduite sociale, qui
conduit à l'élaboration d'un code du savoir-vivre est typifiée
dans « la commanderie du bien et le pourchas du mal » (al-amr
bi'l-ma'rûf wa'l-nahî 'ani'l-munkar), tel que l'affirme le Qor'ân
pour désigner la bonne communauté. La bonne action suppose
corrélativement le redressement du mal lorsqu'il est constaté.
C'est dans ce sens que, dans la lignée de la salafiyya, les
islamistes interprètent cette commanderie du bien, s'appuyant
sur un hadîth célèbre rapporté dans la recension de Muslim,

« Celui d'entre vous qui voit une chose répréhensible, qu'il la redresse avec sa main ; s'il ne le peut pas, avec le langage ; et s'il ne le peut pas, qu'il la réprouve dans son for intérieur ; c'est le moins que l'on puisse exiger de la foi. »

IJMÂ'

Le consensus de la communauté, une des sources du droit musulman, les usûl al-fiqh. L'autorité de l'ijmâ' en matière de droit ne fut tirée en premier lieu que du hadîth ; au terme de trois jours de recherche Shâfi'î en découvrit la source qorânique. L'ijmâ' est légitimé par trois *hadîths*. « Ma communauté ne tombe pas d'accord sur une erreur. » « Quiconque se sépare de ma communauté d'un empan, retire de son cou le nœud de l'islâm. » « Quiconque meurt après s'être séparé de la communauté, meurt comme l'on mourait avant l'islâm. » Pour que l'ijmâ' soit valable, il faut qu'il soit unanime ; réciproquement si la communauté est unanime, sa décision est juste et vraie.

Il y a selon les écoles juridiques deux définitions de la communauté de l'ijmâ'. L'ensemble des compagnons directs du prophète, la génération de Médine, pour les hanbalites ou la salafiyya, par exemple, ou la communauté vivant à une époque donnée, qui formule un ijmâ' vivant, comme pour les hanafites par exemple.

En outre on a coutume de distinguer deux ijmâ'. L'ijmâ' décisif si un groupe de théologiens se prononcent unanimement sur un point de droit et que les autres théologiens tombent d'accord sur cette décision. L'ijmâ' tacite, s'il est le résultat d'un mouvement d'opinion ; il est modifiable si l'opinion change, au contraire du premier. Dans tous les cas l'ijmâ' ne doit jamais entrer en contradiction avec le Qor'ân ou la Sunna pour être valable. L'ijmâ', dans le shî'isme, doit être garanti par l'Imâm.

IJTIHÂD

L'ijtihâd, de même racine que *Jihâd** est l'effort personnel pour l'interprétation dans le domaine de la Loi. L'ijtihâd doit être fondé sur les sources du droit, les textes, *Qor'ân* et *Sunna*, mais aussi des méthodes, l'*ijmâ'**, le raisonnement analogique, *qiyâs*, ou encore la raison, *'aql*. Dans le sunnisme on considère que l'ijtihâd est clos depuis la fondation des quatre grands rites juridiques par les imâms sunnites. Il ne peut plus y avoir que des interprétations limitées à de nouvelles questions, par le muftî.

Néanmoins l'ijtihâd est toujours une obligation pour tout musulman ; au contraire l'imitation mécanique, taqlîd, est vigoureusement condamnée. Dans le shî'isme, l'ijtihâd fut interdit jusqu'au Ve siècle.

Perçu comme une innovation, bid'a*, il était condamné. L'ijtihâd suppose le qiyâs ou le 'aql. Or, les Imâms avaient interdit le 'aql, affirmant la supériorité de l'inspiration divine. L'école usûlî, devenue majoritaire, a remis en faveur l'ijtihâd, d'abord avec la tentative de 'Abû Ja'far Tûsî (mort en 1067), puis avec 'Allâme Hellî (mort en 1325). L'ijtihâd ne peut aboutir qu'à des opinions conjecturales, toujours reformulables. Etant donné l'instruction nécessaire à l'interprétation des écritures, même si tout shî'ite doit pratiquer son propre ijtihâd, il ne peut en fait que déterminer le mojtahed dont il va appliquer les recommandations. Il faut qu'il y ait toujours un ou plusieurs mojtahed vivants pour donner une solution légale à tous les problèmes. A l'époque contemporaine un courant préconise de le remplacer par un collège de mojtaheds, un conseil des fatwâ.

ILHÂM

L'ilhâm est un des modes de révélation au cœur, l'inspiration, réservé à une catégorie de prophètes. Elle est intermédiaire entre le *wahî** et le *kashf*. L'inspiration appartient aux deux premières catégories de prophètes:1. le prophète, nabî, doué d'ilhâm pour lui seul et qui ne révèle pas ses connaissances ; 2. le nabî doué d'inspiration qui n'est pas envoyé à un groupe, et dépend d'une prophétie déjà énoncée. L'ilhâm est la projection des connaissances divines dans le cœur du prophète par l'ange avec la vision ou l'audition de cet ange, uniquement dans un songe. Celui qui est le siège de cette inspiration est appelé prophète avant la mission de Mohammad, et simplement walî (pl. awliyâ) ou *Imâm** après lui.

IMÂM

Le terme Imâm signifie celui qui se tient devant, le guide. Au sens courant l'imâm est celui qui se tient devant les croyants à la mosquée, face au *mihrâb** et dirige la prière commune. Imâm, pris dans un second sens, désigne le guide de la communauté. D'autre part le shî'isme considère que l'Imâm est le successeur spirituel du prophète et instaure une prophétie secrète, initiatique, le cycle de la *walâya**. Dans le shî'isme duodécimain, un cycle de douze Imâms succède à chaque prophète ; le chiffre douze correspond à une réalité spirituelle, le plérome des quatorze très purs : le prophète, sa fille Fâtima, et les douze Imâms. Ceux-ci correspondent aux douze constellations du zodiaque et aux douze sources que fit jaillir Moïse du rocher. Chez les ismaéliens, les Imâms du cycle sont sept comme les sept Cieux.

Pour le shî'isme imâmite, à Mohammad, le sceau des prophètes succède une walâya particulière. Cette walâya a elle-même un sceau en la personne du XIIe Imâm, le résurrecteur. Ainsi 'Alî est le sceau de la walâya universelle, et l'Imâm caché, Sâheb Zamân*, est le sceau de la walâya particulière de Mohammad. Plusieurs propos du Prophète ont trait aux douze Imâms : « Les Imâms après moi seront au nombre de douze ; le premier est 'Alî ibn Abî Tâleb ; le douzième est le résurrecteur, al-Mahdî*, par la main duquel Dieu fera conquérir les Orients et les Occidents de la Terre ».

Les douze Imâms : 1. 'Alî Mortazâ (mort en 661h.), 2. Hasan al-Mojtabâ (624/5-669h.), 3. Hoseyn Seyyed al-Shohadâ (626-680h.), 4. 'Alî Zeyn al-'Abidîn al-Sajjâd (656 ou 659-712 ou 714h.), 5. Mohammad al-Bâqer (676-733h.), 6. Ja'far al-Sâdeq (699 ou 702-757 ou 765h.), 7. Musâ al-Kâzem (745-799h.), 8. 'Alî al-Rezâ (770-818h.), 9. Mohammad al-Jawâd al-Taqî (811-835h.), 10. 'Alî al-Hâdî al-Naqî (827 ou 830-868h.), 11. Hasan al-Zakî al-'Askarî (845-874h.), 12. Mohammad al-Qâ'im al-Mahdî (869 — entré en occultation en 874h.).

Les Ismaéliens reconnaissent les six premiers Imâms mais se séparent sur l'investiture du septième. Pour eux c'est Ismâ'il, le fils aîné de Ja'far al-Sâdeq, mort avant son père qui est le vrai Imâm, et non Musâ. Selon certains ismaéliens, le Mahdî* est Ismâ'il, selon d'autres son fils Mohammad lui a succédé comme Imâm, maintenant sa walâya.

L'Imâm est le « Mainteneur du Livre », qayyim al-Qor'ân, l'héritier du Prophète, le gardien du trésor divin. Ils sont immaculés, ma'sûm ; leur cœur est pure lumière ; ce sont les guides de la gnose, les khalifes de Dieu sur terre, les seuils par lesquels on accède à Dieu ; ils connaissent le Nom secret de Dieu, la science divine. Ils sont la face de Dieu, et l'ésotérique de la prophétie éternelle. Avec le prophète et Fâtima, ils constituent le plérome des Quatorze Immaculés qui est la haqîqa mohammadiyya*, la Réalité mohammadienne éternelle.

INCROYANT

Voir Kofr.

IN SHA' ALLAH

Littéralement « si Dieu le veut ». Cette formule, dite aussi formule d'exception (istithnâ'), est un des signes distinctifs de la communauté musulmane, un des signes ritualisés qui réaffirment régulièrement, comme la *basmala**, l'appartenance à la communauté de ceux qui s'en remettent à Dieu. La forme type de l'exception est, en arabe, la double négation : « il n'y a pas [...], sinon », dont la formule de foi, la *shahâda** est un exemple. L'expression « insha'allah » renvoie à l'affirmation de la transcendance absolue de Dieu et à la suspension de l'homme au décret divin. Elle affirme la supériorité absolue de la volonté divine sur tout acte humain

'IRFÂN

'Irfân désigne un type particulier de connaissance, la gnose, ou la théosophie, hikma ilâhiyya. 'Irfân est plutôt utilisé par les spirituels shî'ites pour se distinguer du soufisme. Au mot *tasawwof** correspondra, dans le shî'isme, le mot 'irfân, comme à soufi correspondra 'âref.

La gnose shî'ite résulte de l'enseignement des Imâms. Celui-ci est fondé sur leur *walâya**, le cycle des Imâms dépositaires du sens caché de la prophétie ; ce sens caché, *bâtin*, est délivré dans un enseignement initiatique, qui fonde une continuité de la gnose, la silsilat al-'irfân. Les Imâms ont établi ainsi un enseignement ésotérique qui maintient dans la personne des 'orafâ' (pl. de 'âref), le sens de leur mission et donc de l'islâm.

'ISÂ

Jésus a une place importante en islâm. Il est mentionné dans 15 sourates du Qor'ân et 93 versets. Cet ensemble est la base d'une véritable christologie musulmane. En plus de son nom, 'Isâ, le Qor'ân le désigne par neuf expression différentes, 1. al-Masîh, le Messie ; 2. al-Nabî, le prophète ; 3. al-Rasûl, le prophète-envoyé ; 4. ibn Maryam, le fils de Marie ; 5. mina'l-muqarribîn, « parmi ceux qui sont proches de Dieu » ; 6. wajîh, « digne de considération dans les deux mondes » ; 7. mubârak, béni ; 8. qawl al-haqq, parole vraie ; 9. 'Abd Allah, le serviteur de Dieu.

Le démon ne le touche pas à sa naissance, ni sa mère, au contraire des autres enfants. La mission prophétique de Jésus est prouvée par des miracles. Il instaure une nouvelle *sharî'a* par l'Evangile, Injîl. Le terme qorânique Masîh a le sens de celui qui oint avec les mains et de guide mystique. Jésus a annoncé Mohammad, sous le nom d'Ahmad, le paraclet de l'Évangile de Jean (14,16 ; 14,26 ; 16,7). Jésus est la parole de Dieu et il est, selon l'expression qorânique, « la science de l'Heure ». Au jour du jugement, Dieu est le seul juge, et Jésus un témoin contre les chrétiens qui ont cru à la trinité et à l'incarnation. Il descendra du ciel et tuera l'antéchrist, al-Dajjâl avec une lance ; il détruira tous les infidèles, et instaurera une communauté unique, celle de l'islâm. Après quarante ans il mourra et sera enterré près de Mohammad, à Médine.

Pour le Qor'ân les juifs ont cru avoir crucifié Jésus, mais un sosie, Simon ou Judas, lui a été substitué car Dieu n'abandonne pas ses envoyés. Il a été élevé au ciel comme Elie, et Hénoch, sans mourir. Selon une secte musulmane, les ahmadiyya, Jésus serait aller porter l'Evangile en Inde, où il aurait vécu jusqu'à l'âge de 120 ans et serait enterré à Srinagar.

La divinité du Christ est vigoureusement niée par le Qor'ân, les chrétiens ayant falsifié la vérité. La trinité est aussi condamnée. Dans le Qor'ân, Maryam est identifiée à l'Esprit-Saint.

ISLÂM

Terme utilisé huit fois par le Qor'ân qui signifie la *remise à Dieu*, la *soumission à Dieu* qui suppose une « conversion » préalable. Le rapport entre islâm et Imân, la foi, a été particulièrement débattu. L'islâm recouvre plutôt l'appartenance à la communauté du Prophète, manifestée par les actes cultuels et sociaux propres à cette religion. Il est à noter cependant que l'islâm est considéré comme la « plus parfaite religion fondant la meilleure des communautés » dans la mesure où le Prophète est le sceau d'une prophétie engagée dès la chute d'Adam. L'islâm s'identifie donc à une pratique sociale et culturelle spécifique dont l'Imân constitue l'intériorité.

L'islâm regroupe trois réalités fondamentales, la remise personnelle à Dieu, la communauté dans son historicité, enfin la communauté idéale telle qu'elle devrait se réaliser. L'islâm se présente, au-delà des problèmes d'interprétations politiques, d'emblée comme une unité entre la religion et le monde (Dîn wa Dunyâ) dans un projet politique (Dawla).

L'islâm s'est répandu en un siècle de l'Inde à l'Atlantique se fixant dans ces régions. L'Inde du Nord ne fut définitivement conquise qu'en 1209, puis l'Indonésie touchée par les commerçants musulmans à partir du XIIIe siècle est devenu le plus grand pays musulman du monde ; l'islamisation de l'Afrique fut progressive, soit par la conquête, soit par les activités commerciales. Sous les Ottomans les frontières de l'islâm atteignirent Vienne, assiégée deux fois en 1529 et 1683. La simplicité de la conversion qui ne requiert que la récitation de la *Shahâda** ainsi que la tolérance de l'islâm pour les coutumes locales ont permis son extension, notamment en Afrique, où il a représenté et représente un élément de contestation anticolonial.

ISLAMISME

Terme générique désignant un ensemble de phénomènes contemporains représentatifs du militantisme islamique. Ce terme a le mérite d'éviter la vision réductionniste des phénomènes de l'islâm contemporain que recèlent les expressions « intégrisme », « fanatisme », obscurantisme, etc., visant tous à assimiler une réalité nous échappant, à des phénomènes de l'histoire européenne déjà fortement connotés.

L'islamisme est enraciné dans une tradition religieuse qu'il entend assumer authentiquement en la réactualisant. L'islamisme est issu du mouvement réformiste du XIXe siècle qui prend sa source dans les pensées traditionnistes d'ibn Taymiya, et plus loin d'*ibn Hanbal* (Voir *Hanbalisme*) désirant dégager une pure identité islamique à partir des textes fondateurs en en supprimant les éléments extérieurs (philosophie grecque, christianisme). L'islamisme est d'abord une tentative de ressourcement, la recherche d'une légalité et d'une authenticité politique indiscutable. Il s'agit de s'approprier les éléments exogènes introduits dans le Dār al-Islâm en en éliminant les conséquences déstructurantes. La cité musulmane est organiquement la répétition mimétique de l'unité divine ; elle est fondée sur une *Umma** une qui est vouée à unifier la création en vue de la fin des temps. L'islamisme se propose donc de réaliser cette unité rapportée à sa fondation originelle, la Parole de Dieu descendue dans un livre ; d'où à la fois la valorisation des deux sources premières, la parole qorânique et l'exemple du Prophète qui fonde la seule vraie communauté, au détriment des sources historiques, traditionnelles, qui portent la marque de la *fitna** et la consacrent. Il s'agit donc de s'approprier la modernité par son islamisation en fondant la cité musulmane authentique.

L'islamisme est aussi une pratique révolutionnaire fondée sur le Qor'ân. Une multitude de groupes représentent cette pensée. Cela peut aller du simple groupe de prêcheurs au groupe armé, vivant dans la clandestinité. Les États arabes eux-mêmes représentent une tendance islamique particulière avec ses associations et ses objectifs concurrents de l'islamisme. On a tendance à associer systématiquement shî'isme et islamisme, ce qui est erroné. Il y a une pratique révolutionnaire shî'ite particulière, dont la vision et l'action puisent leurs références dans une culture différente et souvent contestée par le sunnisme. En fait l'islamisme sunnite est antérieur à son équivalent shî'ite, et même si la référence à l'islâm est commune, il subsiste des divergences irréductibles sur le fond.

ISMAÉLISME

L'ismaélisme est une branche dissidente du shî'isme qui tire son nom de l'Imâm Ismâ'îl. L'ismaélisme tire son origine à la fois d'un problème de légitimité de l'Imâm et d'une vision originale de l'Imâmat.

Le sixième Imâm, Ja'far al-Sâdeq, avait désigné son fils aîné, Ismâ'îl comme successeur, mais celui-ci mourut avant son père. Il désigna alors un autre Imâm à sa place, son fils, Mûsâ al-Kâzem, que la plupart des shî'ites reconnurent. Certains toutefois considérèrent qu'Ismâ'îl était le seul vrai Imâm, et que son fils Mohammad était son successeur ; certains professèrent même qu'Ismâ'îl était en occultation et qu'il serait le Mahdî* attendu.

En fait, il existait, à l'époque, des mouvements shî'ites dits extrémistes qui avaient une doctrine teintée d'éléments hermétistes, manichéens, voire chrétiens. Parmi eux se trouvait Abû'l-Khattâb, disciple de Ja'far al-Sâdeq, désavoué par lui et qui mourut avec ses partisans, massacré dans la grande mosquée de Kufâ en 755 ou 762. On les classe habituellement dans le proto-ismaélisme, celui qui voit l'apparition des grands thèmes ismaéliens que l'on retrouvera plus tard dans la dynastie fatimide, sans que l'on puisse reconstituer la transmission historique de ces doctrines. On sait qu'il y eut trois Imâms cachés, clandestins, mastûr, jusqu'à l'apparition de la dynastie fatimide* avec 'Ubayd Allâh.

L'ismaélisme affirme la supériorité de l'Imâm sur le prophète, corélativement à la supériorité du *bâtin* (voir *Bâtiniyya*), l'ésotérique, sur le *zâhir*, l'exotérique. La notion de qiyâma, résurrection, conduit à abolir la *sharî'a**.

Les rôles et les rangs respectifs de l'Imâm, silencieux, caractérisé par la lettre *'ayn*, du Prophète(la lettre *mîm*), et de l'initiateur (la lettre *sîn*, initiale de Salmân) sont évalués différemment selon les courants ismaéliens. Les khattâbiyya affirmaient la supériorité de Salmân* sur l'Imâm et le prophète. Les ismaéliens insisteront sur le rôle d'initiateur à l'imâmat que remplit Salmân, subordonné à l'Imâm.

L'ismaélisme s'est scindé en deux, lors de la succession de l'Imâm al-Mostansir bi'llâh (mort en 1094/487h.) ; celui-ci désigna son second fils, al-Mosta'lî, pour lui succéder ; il fut reconnu par une partie des ismaéliens qui maintinrent la tradition fatimide. Ils considèrent leur XXIᵉ Imâm Abû'l-Qâsem al-Tayyib, disparu encore enfant, comme l'Imâm caché attendu. Ils ont perpétué leur enseignement au Yemen, puis en Inde où ils sont connus sous le nom de Bohra. L'autre mouvement est celui connu sous le nom hashâshiyya, ou *nizârî** qui reportèrent leur allégeance sur le fils aîné d'al-Mostansir bi'llâh, Nizâr.

La création est une émanation à partir de la première intelligence ; Dieu transcende l'être qu'il instaure par son ordre. La procession des dix intelligences est ordonnée selon des limites ou plans d'être, les hodûd, et constitue le 'âlam al-amr, opposé au monde créaturel. Dans ce plérome se situe une première convocation à l'attestation de l'Unique, da'wa, adressée par la première intelligence, aux autres. L'une d'entre elles, la troisième, l'Adam céleste, ne la prononce pas, et avant qu'il ait le temps de le faire, les sept chérubins de rang inférieur, le dépassent et le renvoient au dixième rang. Il doit alors à travers sept cycles qui correspondent aux sept chérubins remonter à sa place originelle. Ces sept cycles qu'il doit parcourir sont ceux des sept prophètes et des sept Imâms, qui les accompagnent. C'est l'Adam celeste qui est le démiurge du monde terrestre et accomplit dans l'Adam terrestre la première prédication ismaélienne qui inaugure le cycle de la prophétie. La hiérarchie secrète des grades ismaéliens est calquée sur la hiérarchie dans le plérome des intelligences. Les cycles d'épiphanie et d'occultation, satr, se succèdent jusqu'à ce que l'Adam céleste ait réintégré son rang, lors de la qiyâmat al-qiyâma, résurrection des résurrections.

J-K

JABRÂ'ÎL

Le Gabriel de la Bible. Il est souvent le messager de Dieu, l'un des sept archanges, le gouverneur du paradis dans la Bible. Cette vision est aussi celle du Qor'ân dans lequel il n'est cité que trois fois. Il est identifié à l'esprit, *al-rûh**, qui insuffle la révélation. Il est le conseiller de Mohammad, celui qui lui apprend la prière, qui le guide dans son ascension, *mi'râj**, intervient à Badr avec des milliers d'anges, guide parfois les campagnes militaires du Prophète ; enfin c'est Gabriel qui avec Mikhâ'îl, ouvre et purifie le ventre et la poitrine du prophète. Il est identifié à l'Esprit-Saint, *rûh al-qods*, dans le soufisme, et la gnose shî'ite.

JAHANNAM

Mot désignant l'enfer avec une connotation de profondeur. Il fait double emploi avec nâr, le feu, dans le Qor'ân. L'enfer serait composé de sept degrés descendant, chacun plus terrible que les autres. Ils sont analogues aux sept ou huit plans du paradis. Théoriquement le premier stade est réservé aux croyants et il est transitoire. Les autres cercles de l'enfer sont réservés aux juifs, aux chrétiens, aux sabéens, mazdéens, aux idolâtres ; et la partie la plus basse où les tourments sont les plus durs aux hypocrites. L'enfer est promis aux infidèles, à celui qui ne se repend pas de ses fautes graves. Néanmoins la tradition islamique insiste sur le repentir, véritable conversion à Dieu qui efface les fautes commises et sur la miséricorde et la liberté absolues de Dieu au jour du jugement.

Avant le jugement, les hommes demeurent dans la tombe. Ils sont là, par la résurrection mineure dans le plan de l'inter-monde, le *barzakh**. Là se situe l'interrogatoire des deux anges Munkar et Nâkir. Le barzakh contient un enfer qui lui est propre et qui peut lors du jugement se confirmer ou, au contraire, faire accéder le tourmenté au plan du paradis. Dans le shî'isme, c'est l'Imâm qui fait la distinction entre les élus et les maudits.

JÂHILIYYA

Mot abstrait désignant l'état anté-islamique d'où son opposition à l'islâm. Le jahl semble avoir désigné des qualités propres aux arabes nomades de la période pré-islamique telles que le sens de l'honneur, le courage, la force, le goût de la vengeance. A l'époque islamique il désigne ce qui est contraire à l'islâm : l'ignorance, la violence, le paganisme, les mœurs instinctives. On a souvent distingué, en se fondant sur le Qor'ân, deux périodes de jâhiliyya ; la première, d'Adâm à Noë, la seconde, de Jésus à Mohammad.

La jâhiliyya représente la barbarie, l'envers de la mission prophétique. C'est ce sens qui domine dans le discours islamiste. A l'époque contemporaine, il est utilisé dans le vocabulaire islamiste avec les termes tâghût, pharaon, kofr* pour désigner les ennemis de l'islâm, contre lesquels l'obligation du jihâd* est toujours en vigueur.

JAMÂL-JALÂL

Jamâl et jalâl sont les deux attributs divins de la Beauté et de la Majesté. La connaissance de l'essence divine dépouillée de ses attributs est impossible. L'aspiration de Dieu à être connu nécessite la théophanie au cœur du croyant qui est son miroir. Cette relation entre le Seigneur et son serviteur est une relation d'amour. L'amour est l'acte créateur, acte par lequel l'unité divine se découvre en s'actualisant chaque fois sous une forme différente qu'elle crée pour être son miroir. Le secret de l'attestation de l'unique, le tawhîd* consiste dans la découverte que fait le spirituel de son identité qui est l'œil par lequel Dieu se contemple et s'épiphanise par ses attributs. La Majesté et la Beauté sont les attributs selon lesquels l'essence divine s'apparaît.

C'est l'expérience mystique la plus haute, celle qui révèle que le cœur est le lieu d'épiphanie des attributs. Le hadîth de la vision est souvent cité dans la littérature soufie : « J'ai vu mon Seigneur sous la plus belle des formes, comme un jouvenceau à l'abondante chevelure, siégeant sur le trône de la grâce ; il était revêtu d'une robe verte ; sur sa chevelure, une mitre d'or ; à ses pieds, des sandales d'or. » L'épisode de Moïse demandant la vision à Dieu est aussi régulièrement commenté ; la montagne que Dieu lui demande de regarder, c'est Moïse lui-même ;

lorsque Dieu se montre, elle s'effondre, car Moïse ne peut supporter la vue de la Beauté de Dieu. Chez *ibn 'Arabî* la vision complète est, dans la prière, la manifestation de Dieu dans une personne, selon le propos du prophète : « Adore Dieu comme si tu le voyais. » Les attributs de Beauté et de Majesté deviennent les attributs du mystique qui se voit par l'œil de Dieu.

JANNA

Le paradis est aussi appelé aussi firdaws dans le Qor'ân. Situé au ciel « près du jujubier de la limite », à ses portes sont des anges qui saluent les élus à leur entrée. Les descriptions qorâniques sont très imagées, décrivant les fontaines, les fleuves d'eau, de miel, de vin, les fruits, les houris, les délices, et suggèrent la vision de Dieu, ru'yât Allâh, destinée aux élus. Il est constitué d'étages dont le dernier serait l'Eden au septième ciel, et a huit portes. Le paradis est éternel et existe déjà, ainsi que la vision de Dieu — ce que seuls les mo'tazilites* nient. Le paradis serait composé de huit demeures ou climats, le huitième étant le korsî, le trône ; il est aussi souvent identifié au cœur de l'homme.

JÉSUS

Voir 'Isâ.

JIHÂD

Selon l'étymologie jihâd signifie « l'effort tendu vers un but déterminé », ou encore effort sur soi-même vers le perfectionnement. On distingue ce jihâd ou « jihâd des âmes », dit majeur, « du jihâd mineur » ou encore jihâd des corps, la « guerre sainte ». Le jihâd est un acte de guerre visant, soit l'expansion, soit la défense de l'islâm. Dans le cadre musulman les gens du livre sont tolérés s'ils se soumettent à l'autorité politique de l'islâm.
Le jihâd est une obligation communautaire et individuelle jusqu'au jour de la résurrection. Le jihâd varie suivant les phases de la révélation qorânique. La période mekkoise est celle du pardon des offenses, de la conversion par la persuasion et le jihâd pour la défense de l'islâm. La période médinoise étend l'obligation du jihâd à tous temps et lieux. Théoriquement pour le shî'isme duodécimain, seul l'*Imâm** a le droit de décréter le jihâd.

JONAYD

Célèbre soufi d'origine iranienne rattaché à « l'école de Bagh-dâd ». C'est dans cette ville où il vécut qu'il eut accès à l'enseignement traditionnel puis mystique par l'intermédiaire de son oncle Sarî al-Saqatî. Il a profondément influencé un grand nombre de soufis, en particulier *Hallâj.** Il subsiste de lui une quinzaine de traités.

JUGEMENT

Le jour du jugement des âmes, Yawm al-Dîn, est un des articles essentiels de la foi musulmane. Constamment affirmé dans le Qor'ân, il suit la résurrection des corps.

C'est Dieu lui-même qui juge, assisté des ahl al-A'râf, les gens de « la limite entre l'enfer et le paradis » (prophètes et Imâms, selon les imâmites). Mohammad est le premier ressuscité et témoigne contre ceux qui n'auront pas suivi la voie droite ; il aura un pouvoir d'intercession consenti par Dieu envers les croyants qui auront péché pour limiter, voire supprimer leur expiation en enfer. Un croyant finira toujours par accéder au paradis, même s'il doit subir un tourment temporaire. Selon la tradition, chaque prophète pourra intercéder en faveur de sa communauté.

Lors de la résurrection, après qu'Isrâfîl ait soufflé dans la trompe, les morts se lèvent dans la « terreur de la Station », hawl al-mawqif. Ils apparaissent avec leurs actes. Alors les anges donnent à chaque homme un rôle, le croyant le prenant de la main droite, l'incroyant dans la gauche ou le cachant derrière son dos. Sous le contrôle des anges Gabriel et Mikaël, a lieu la pesée des actions des hommes dans une balance, mizân ; par la grâce de Dieu les bonnes pèsent plus lourd que les mauvaises. Les injustes tentent de nier mais leurs membres témoignent contre eux. Les hommes passent sur le sirât, pont à sept arches, « fin comme un cheveu et tranchant comme un sabre » ; le pont eschatologique est tendu au-dessus de l'enfer et mène au paradis ; Dieu aide les élus à passer et leur sont poséees sept questions ; les damnés tombent en enfer. Dieu apparaît un instant aux élus pour leur donner leur dû, tandis qu'il juge les damnés du sein de la nuée. A l'entrée du paradis, les élus se purifient avec l'eau du kawthar, et rejoignent les purs du paradis. On établit progressivement l'idée que Dieu apparaî-trait, sous la forme d'un être mohammadien, l'Imâm 'Alî ou l'Imâm caché, le résurrecteur, ou encore, le « sceau des saints ». Pour les sunnites et les soufis le sceau des saints est Jésus.

KA'BA

La Ka'ba est le sanctuaire sacré de l'islâm, situé à la Mekke. Son nom provient de sa forme, à peu près cubique. Le bâtiment a été plusieurs fois reconstruit. A l'origine, construite par Abraham et son fils Ismâ'îl, elle était le premier sanctuaire sur terre. Elle aurait été peu élevée, à hauteur d'homme, et sans toit. A l'époque de Mohammad le feu prit dans la Ka'ba et elle fut détruite. Elle fut reconstruite en doublant sa hauteur ; on ajouta un toit, et on éleva la porte de sorte que l'eau n'y entre plus lors des orages. C'est le Prophète lui-même qui replaça la pierre noire. A l'origine c'est Jérusalem qui était la *qibla** de la communauté pour la prière. C'est à peu près un an et demi après l'hégire que la Ka'ba a été donnée comme direction de la prière à la communauté par une révélation qorânique.

Dans la littérature mystique, la Ka'ba joue un rôle de premier plan comme figure du temple. Le premier élément d'analyse est la structure symbolisante du temple et du pèlerinage. La Ka'ba, temple matériel, symbolise avec les temples du monde divin, le *ghayb**. Le pèlerinage est donc en fait symbolique du pèlerinage intérieur de l'âme en quête de son Seigneur. Le secret de la Ka'ba est donc le secret de l'âme pacifiée qui retourne à son Seigneur et découvre que celui-ci n'est pas autre qu'elle-même assumant le dépôt divin, devenant le miroir de la théophanie. D'où, tourner autour de la Ka'ba, c'est tourner autour de son propre cœur, celui-ci étant le temple de Dieu, le lieu où l'essence divine se connaît dans ses attributs. La Ka'ba symbolise donc la hiérarchie des plans de présence de l'essence divine à elle-même, les plans de la vérité mohammadienne. C'est ce qui explique le détachement de certains soufis des rites du pèlerinage ; ceux-ci ne peuvent avoir de valeur que dans le cadre de l'observance extérieure de la loi ; celui qui a perçu la véritable dimension de la Ka'ba, habite à demeure le temple de son cœur. Il est devenu la Ka'ba.

La Ka'ba dans le shî'isme

Dans la gnose shî'ite, le plan de la Ka'ba avec ses douze arêtes symbolise les douze voiles de la descente de la réalité mohammadienne et les douze Imâms de sa remontée au principe. Le temple est la dernière figure épiphanique de cette réalité et symbolise les douze temples du monde divin. Elle révèle à l'homme sa dimension spirituelle et le projet divin en lui, qu'il a à assumer. Elle lui révèle aussi le secret de son propre être, les Imâms dont la *walâya** le restitue à lui-même lors de la parousie. L'orientation de la prière sur la Ka'ba correspond à la révélation que les Imâms sont la vraie *qibla*, la dimension véritable du cœur du croyant.

La pierre noire a aussi un sens particulier révélé par les propos des Imâms. Elle est ce qui confère au pèlerinage son sens initiatique parce qu'elle est le rappel du drame adamique, celui par lequel il s'est chargé du fardeau divin. Dieu avait placé un ange auprès d'Adam pour lui rappeler le pacte passé avec lui. Cet ange est le centre d'Adam, et c'est lui qui a la charge du dépôt divin en Adam. Lorsqu'Adam partit pour son exil terrestre, Dieu changea cet ange en une perle blanche qu'il projeta sous forme de pierre sur le chemin d'Adam. Celui-ci ne la reconnut pas, et il dut voir en elle son être caché dans la pierre pour qu'elle lui rappelle son séjour et éveille en lui la nostalgie. Alors l'ange reprend une apparence minérale, la pierre noire, et Adam l'emporte avec lui relayé par Gabriel lorsqu'il est fatigué. Il la porte de Ceylan à la Mekke et l'enchâsse dans l'angle de la Ka'ba, au centre du monde, comme l'ange est au centre de son être. C'est le fardeau divin que l'homme a à assumer, le fardeau de son propre être.

KALÂM

Terme qorânique désignant la parole, et en particulier le Verbe de Dieu. Kalâm en est venu à désigner une branche des sciences religieuses, celle de la théologie apologétique dans les expressions « 'ilm al-kalâm », science de la parole, ou « 'ilm al-tawhîd », science de l'attestation de l'unicité divine« . Le kalâm ne recouvre pas la notion chrétienne de la théologie, elle est plutôt conçue comme une apologie défensive qui affirme le donné de la foi et des textes contre les déviations, les doutes. Il a une fonction essentiellement curative, « pour les esprits malades », et ne représente qu'une partie de la pensée religieuse musulmane à côté du *fiqh**.

KERBELÂ'

Lieu où est mort et enterré le troisième Imâm Hoseyn* fils de 'Alî ben Abî Tâlib, le « prince des martyrs », amîr al-shohadâ', à une centaine de kilomètres au sud-ouest de Baghdâd en Iraq. C'est le lieu de pèlerinage du shî'isme par excellence et on le

nomme aussi mashhad-e Hoseyn. L'Imâm Hoseyn avait fui à la
Mekke, en 680, pour échapper au serment d'allégeance conclu
par son frère Hasan à l'égard du khalife omayyade Yazîd Ier. Il
quitta la Mekke pour Kufâ et alla camper à Kerbelâ, où il fut
encerclé et coupé de l'accès à l'eau. Huit jours plus tard, le 10
moharram 61h. (10 octobre 680), Hoseyn et ses 72 compagnons,
dont son fils, et son demi-frère, Abû'l-Fazl, livrèrent bataille
contre les troupes de Yazîd. Ils furent tous massacrés, sauf un
de ses fils, 'Alî, et quelques femmes qui parvinrent à s'échapper. L'épisode du martyre de Kerbelâ a une signification exemplaire pour les shî'ites. Selon la tradition, Abû'l-Fazl aurait eu la
main tranchée par un assaillant en essayant de chercher de
l'eau ; Hoseyn, ayant recueilli un bébé dans ses bras, aurait reçu
une flèche dans le cou et aurait fait couler son sang par terre
pour appeler le châtiment de Dieu contre les bourreaux ; puis,
sérieusement blessé, Sinân ben Anas lui aurait tranché la tête.
Le massacre de la famille de Hoseyn par le khalifat témoigne
d'une certaine rupture entre le sunnisme s'accommodant d'un
pouvoir qu'il légitime et le shî'isme qui n'envisage la direction
politique que comme le gouvernement de l'Imâm impeccable et
infaillible. Le martyre de Hoseyn témoigne de la volonté exemplaire de ne pas se soumettre au gouvernement inique et de la
difficulté qu'il y a à conserver l'intégrité spirituelle de la
communauté. La piété shî'ite a développé un culte particulier
autour de ce massacre, le personnage de Yazîd devenant, lui, le
type même de l'oppresseur, le méchant par excellence, éternel-
lement maudit, par exemple dans la poésie populaire des 'ashïqs
d'Anatolie.

KHALIFA

Institution née de la mort du Prophète, celle-ci laissant un vide
politique à la tête de la communauté ; le mot signifie avant tout
successeur. Il y a deux mentions de ce mot dans le Qor'ân. A
l'origine le titre Khalifa rasûl Allâh, successeur de l'envoyé de
Dieu, est interchangeable avec Amîr al-Mu'minîn, commandeur des croyants. La mission prophétique originelle étant
close, le khalifa a pour mission de poursuivre l'action politique
et militaire du prophète et de faire appliquer et respecter la
sharî'a*. De même que l'Etat musulman doit être unique,
rassemblant en son sein toute la Umma*, il ne doit y avoir qu'un
khalife à sa tête. Son mode de désignation varie dès l'origine.

Théoriquement elle doit s'exercer selon la shûra, une forme d'élection concrétisée par le serment d'allégeance, bay'a, au nouveau khalife. En principe, les qualités morales sont déterminantes dans le choix du futur khalife ; les auteurs politiques prévoient même des possibilités de déchéance du khalifa. Normalement, le sujet doit une obéissance absolue au souverain, cela pour éviter le piège, majeur pour l'unité de la Umma, de la dissidence religieuse. Mais ce devoir se transforme en un devoir de révolte lorsque le souverain engage son action politique dans la voie de ce que la Loi condamne. Ce devoir de résistance à la tyrannie s'appuie sur deux traditions du prophète : « Il n'y a pas de devoir d'obéissance dans le péché » et « N'obéissez pas à une créature contre son créateur ». Mais les théoriciens politiques en Islâm n'ont jamais réussi à établir les mécanismes concrets qui permettraient l'effectivité de cette pratique.

Toutefois dès les premiers khalifes, dits « les biens guidés » (al-Râshidîn), Abu-Bakr (632-634), 'Omar (634-644), 'Ôthmân (644-656), 'Alî (656-660), le mode de désignation a commencé à changer. 'Omar est désigné à l'avance par Abû Bakr, et 'Omar, avant de mourir, désigne six personnes parmi lesquelles on doit choisir le futur khalife. On distingue en général dans la pensée politique l'époque des Râshidîn nommée Khilâfat al-Nubuwwa (vicariat de la prophétie), de l'époque suivante.

Le khalifa dans le shî'isme

Dans la pensée shî'ite, les trois premiers khalifes sont considérés comme des usurpateurs car le Prophète avait désigné 'Alî comme premier khalife le 18 dhû'l-hijja à Qadir Khomm. Le khalife ne peut être que l'Imâm, détenteur du sens caché de la prophétie, investi spirituellement de la conduite de la communauté. La pratique politique des Imâms a, en fait, consisté à se tenir à l'écart des revendications politiques, à l'exception de l'Imâm Rezâ. L'occultation de l'Imâm a posé le problème de la direction politique de la communauté, et surtout de sa légitimité. Les solutions ont été diverses, et si le principe de la monarchie était accepté, le Shâh prenant le titre de Zellu'llâh (l'ombre de Dieu), c'était sous la garantie des mojtaheds.* Le principe d'une tutelle spirituelle exercée par les juristes sur le gouvernement est donc un principe ancien, mais qui a été systématisé et étendu par la constitution d'une république islamique.

L'évolution historique de l'institution a conduit à une profonde modification de la conception du khalifat. Dès l'époque omayyade le khalifat devient une institution théocratique, le titre devenant khalifat Allâh (vicaire de Dieu) ; quoique maintenant la bay'a, l'institution devient dynastie et repose sur le principe de l'obéissance inconditionnelle. La dynastie 'abbasside, à partir de 750, joindra à ces éléments la légitimité familiale puisqu'ils sont issus de la famille du Prophète et renforcera la vision théocratique du khalifat en se nommant le « pouvoir de Dieu sur la terre ».

Peu à peu, néanmoins, avec l'apparition du vizir (ministre nommé par le khalife) et sa constitution en dynastie, le pouvoir du khalife tend à diminuer de manière continuelle au profit des émirs et sultans, chefs militaires et véritables détenteurs du pouvoir temporel, voire spirituel, la distinction entre les deux n'étant pas nettement définie. Les contestations auxquelles donnent lieu le khalifat amènent l'apparition de trois khalifes concurrents au Xe siècle : celui des Abbassides à Baghdâd, celui des Omayyades en Espagne, celui des Fâtimides, shî'ites ismaéliens (316h./928-422h./1031) en Afrique du Nord puis en Egypte (297h./909). Celui-ci dura jusque dans la première moitié du XIIe siècle ; issu de l'ismaélisme, il privilégie l'Imâm, impeccable dépositaire du sens caché du Qor'ân. Contrairement aux principes des râshîdûn, la désignation du khalîfe est faite secrètement à un homme de confiance par son prédécesseur ; elle est donc identique à la désignation ésotérique du successeur de l'Imâm et repose sur la lignée invisible des Imâms dans le cycle de la *walâya*.*

L'invasion mongole et l'exécution du dernier khalife 'abbasside en 1258 marque un tournant dans la conception du khalifat. Celui-ci devient peu à peu un pur titre honorifique que s'attribue tout prince un tant soit peu puissant, quoique le khalifat 'abbasside se perpétue au Caire sous la tutelle des Mamluks mais complètement vidé de sa substance. Ce n'est qu'à partir du XVIIIe siècle que les sultans ottomans reprennent le titre pour les besoins de la diplomatie avec les Européens, puis pour les besoins de la doctrine panislamique du sultan Abd'ül-Hamit II à la fin du XIXe siècle, jusqu'à son abolition par Atatürk le 3 mars 1924. Des tentatives de réforme théorique du khalifat firent leur apparition au début du XXe siècle, notamment sous l'impulsion de Rashîd Rida mais sans concrétisation politique. La suppression du khalifat et le morcellement dramatique du monde arabe après la Première Guerre mondiale a créé un vide dans la théorie politique qu'il fallait combler. Les shî'ites qui avaient fait avant les sunnites l'expérience de cette absence de chef politique avaient à leur disposition une habitude de l'action politique et des théories à peu près déjà formulées ; il fallait les adapter pour répondre à la situation moderne.

Le discours islamiste rejette la conception politique traditionnelle pour élaborer une pratique fondée sur la lecture militante du Qor'ân. Le *tawhîd**, qui s'applique traditionnellement à l'affirmation de l'unicité divine, devient le terme générique pour désigner la future société islamique. Celle-ci sera unitaire dans la mesure où elle détruira toutes les barrières à l'intérieur de la communauté, barrières de classe, perçues comme un produit exogène, barrières entre la société civile et l'État, réconciliés dans une *Umma** organique soumise à la seule loi divine.

KHÂRIJISME

Les khârijites, khawârij en arabe, sont une des *firqa** issues de la bataille de Siffîn (657). A l'origine, partisans de *'Alî**, ils s'en sont séparés lorsque celui-ci à Siffîn eût accepté le principe de l'arbitrage posé par Mo'âwiya ; en effet selon eux son pouvoir venait de Dieu seul et ne pouvait être conditionné par une intervention humaine. En 658, 'Alî attaqua et vainquit les khawârij à Nahrawân, tuant ses deux chefs ; et c'est par un khârijite qu'il sera assassiné en 661, à Kufâ. Les khawârij devinrent les ennemis acharnés des shî'ites. Ils se divisent en deux grandes branches, les modérés représentés par les deux mouvements 'ibâdites, et sufrites, et les extrémistes, les azraqites (Azâriqa). Les ibâdites furent la première tendance khârijite ; les azraqites s'en séparèrent en 684 pour lancer une action violente contre l'État omayyade. Ils se séparent sur la notion de la dissimulation de pensée, le ketmân, et sur la nécessité de l'action violente. Pour les azraqites, le gouvernement injuste doit être combattu jusqu'au bout, même si cela doit engendrer la disparition de la communauté, alors que pour les ibâdites, comme pour les shî'ites, il est possible de dissimuler sa vraie foi lorsque la communauté est persécutée. Les azraqites ont disparu. Les sufrites apparurent vers 695 ; ils sont modérés mais l'ascétisme est encore plus marqué chez eux que chez les ibâdites. Ceux-ci les ont absorbés, peu à peu.

Le khârijisme est marqué par un grand rigorisme moral qui a

des conséquences importantes dans le domaine politique. Le khalife doit être choisi dans la communauté quelle que soit son appartenance ethnique, uniquement être en fonction de sa piété. S'il défaille dans sa mission, il doit être immédiatement révoqué. Il entre alors dans le cercle des pécheurs et mérite la mort. Cette théorie provient de leur conception du péché ; il n y a pas de distinction fondamentale entre les péchés. Il n'y a que deux possibilités : ou on appartient à la *walâya**, la communion spirituelle de la vraie communauté qui pratique à la lettre les impératifs de la Loi, ou on est mushrik, impie, et donc condamnable. L'impie tombe sous le coup de la barâ'a, l'excommunication qui le retranche de la communauté ; selon les azraqites, le musulman qui admet un gouvernement injuste en est complice et est excommunié, au contraire pour les ibâdites, on peut condamner ce gouvernement dans son cœur et pratiquer le ketmân, la dissimulation de pensée, à l'extérieur.

C'est en 740 que l'ibâdisme fut introduit au Maghreb, en Tripolitaine, en Tunisie et en Algérie. Un puisssant émirat ibâdite fut fondé à Tahert, en Algérie, le royaume de Rustum, en 761, et dura cent quarante-sept ans. L'ibâdisme a eu tendance à devenir religion berbère, même si il est minoritaire dans cette ethnie et qu'il existe une communauté ibâdite arabe en 'Omân. L'ibâdisme demeure vivant à Jerba en Tunisie, au Jebel Nafûsa en Libye, en 'Omân, et surtout dans le Mzâb (d'où l'appellation mozabites) dans le Sud-Algérien, où la communauté a réussi à conserver son originalité et son organisation spécifique. Les ibâdites représenteraient aujourd'hui environ un million de personnes.

KHEZR

Khezr est un personnage légendaire qui intervient une fois dans le Qor'ân comme guide d'initiation pour Moïse (18:59-81). Le récit qorânique ressemble à trois autres récits appartenant à des traditions différentes, l'épopée de Gilgamesh, le roman d'Alexandre (cf. sourate 18, histoire de Dhû'l-Qarnayn), et la légende juive d'Elie et du rabbin Josua b. Levi. La tradition islamique a essayé de cerner les éléments marquants de sa vie, et en particulier sa généalogie. Khezr-Elie est perçu dans la tradition juive comme un bédouin, une « Arabe ». Son nom serait Balyâ b. Malkân, celui-ci étant le frère de Qahtân, l'ancêtre des Arabes du Sud (les Arabes du Nord se rattachent à

'Adnân). Sa généalogie le fait remonter jusqu'à Sem. Son nom Balyâ le fait identifier à Elie, Elisée et même Jérémie. Les récits de sa vie varient d'un auteur à l'autre. Parfois c'est un fils d'Adam, parfois le fils d'une fille d'un pharaon, ou encore un persan fils d'une Grecque qui serait né dans une grotte, sauvé et élevé par un animal. Selon d'autres traditions, il serait le fils d'un roi qui se serait voué à la chasteté avec sa fiancée et se serait caché dans une île où il demeurerait immortel grâce à la source de vie. Les traditions sont unanimes pour le déclarer immortel et doué d'ubiquité.

Dans le Qor'ân, le but du voyage de Moïse est la source de vie, l'endroit où les deux fleuves se rejoignent, le majma' al-bahrayn. Mûsâ parvient à un endroit où son serviteur perd le poisson qu'il devait laver (au contact de l'eau il retrouve la vie et s'enfuit) ; il recherche alors ce poisson et trouve Khezr à qui il demande son enseignement. Celui-ci accepte à condition que Moïse ne lui pose pas de questions sur ses actes ; or il multiplie les actions qui semblent répréhensibles et Moïse ne peut résister ; Khezr lui explique alors le sens caché de ses actes et le quitte.

Khezr est l'initiateur de Mûsâ ; il est considéré simplement comme un nabî*, mais supérieur à Moïse car il est le dépositaire de la vérité mystique. Moïse est l'énonciateur d'une loi, sharî'a*, alors que Khezr révèle la haqîqa*, celle que Mûsâ peut difficilement supporter. C'est le maître caché des soufis qui n'ont pas de maître visible ; c'est celui d'Ibn 'Arabî*, de Rûzbehân, etc. Il fait partie des quatre personnages qui ont été enlevés au ciel sans passer par la mort avec Elie, Idrîs et Jésus. Il est souvent identifié ou au moins associé à Elie.* Une explication veut que le poisson plongé dans l'eau soit le corps de Khezr que Moïse perd en cherchant la source. Il est toujours associé à la source de vie, et les récits initiatiques le font toujours rencontrer à cet endroit.

Le symbolisme du vert

Son nom est une déformation de al-khadir, « le vert ». Il est dit être vert parce que, en se plongeant dans la source de vie, il a acquis l'immortalité symbolisée par la couleur verte. On le désigne comme « l'éternel adolescent ». Cette couleur joue un rôle très important en islâm et dans les récits mystiques. C'est la couleur des alides, des Imâms shî'ites, de l'île dans laquelle réside l'Imâm caché, le XIIe dont on attend la parousie ; certains shî'ites, d'ailleurs, identifient Khezr avec l'Imâm.. Mais c'est aussi la couleur de la robe que porte l'adolescent sous les traits duquel le prophète Mohammad voit Dieu dans le hadîth de la vision ; c'est le propre de la vision de Dieu au plan le plus élevé.

Dans les récits initiatiques du soufisme, la source de vie est placée au centre de l'ensemble de montagnes que l'on appelle « montagne de Qâf » ; Khezr est le guide personnel de celui qui la cherche. La source sort d'un rocher qui est appelé le sinaï mystique au sommet duquel se situe l'arbre Tûbâ ou l'émeraude verte qui répand cette couleur dans l'ensemble du monde caché, le *Malakût*. Cette émeraude verte est selon les textes l'ensemble de la montagne de Qâf ou son sommet au-delà duquel se situe la terre du « non où », de la divinité. La source de vie est l'endroit qu'il faut atteindre pour gravir ce sinaï. La source de vie transfigure le pèlerin, le rend comme Khezr, lui fait rencontrer son ange qui n'est autre que lui-même, le dépositaire du secret divin. Khezr est la forme spirituelle que découvre le pèlerin dans sa quête et qui lui découvre son site, la terre spirituelle, le malakût. Il y pénètre et s'y fond en se découvrant immortel. Khezr est le dépositaire de la *haqîqa** car la source de vie dans laquelle il se plonge est la mer de l'intelligence divine ; il est transfiguré resplendissant du site de l'Imâm (l'île verte au sein de la mer de blancheur) parce qu'il est devenu la forme de la vérité mystique, la haqîqa, celle qui est personnelle au chercheur qui le prend comme pôle.

KOFR

Terme qorânique signifiant l'impiété, l'ingratitude vis-à-vis de Dieu. Les termes kâfir, kuffâr, les infidèles, en dérivent et sont aussi employés dans le Qor'ân. L'attitude recommandée aux croyants est d'abord de se tenir à l'écart des incroyants, puis de les combattre. La grande division entre dâr al-harb et dâr al-Islâm est le reflet de la division entre la communauté qui professe l'islâm et les insoumis qui constituent une seule et même nation ; « al-kufru millat wahîda », « l'impiété est une communauté », selon le propos du Prophète. Vis-à-vis des infidèles est établi un devoir pour le croyant dans le Qor'ân, celui du *jihâd**. — « Combattez-les jusqu'à ce qu'il n'y ait plus de luttes doctrinales et qu'il n'y ait pas d'autre religion que celle de Dieu. S'ils cessent, Dieu le verra. »

Dans la tradition théologique, la définition de l'impiété, ainsi que celle de l'excommunication, a provoqué des controverses importantes. Le principe est que l'on ne peut juger que des actes et des paroles et non des intentions. L'accusation d'impiété se retourne contre celui qui l'a proférée s'il est incapable de la prouver de façon indiscutable. L'impiété est punie en enfer. Le problème le plus important est le statut du musulman coupable de grands péchés (voir *péché*). Le musulman apostat est un infidèle, un kâfir, et il est passible de mort, à moins qu'il ne se repente. L'accusation de kofr est la plus grave en islâm ; elle équivaut à une condamnation à mort. Le takfîr, l'accusation de kofr ou aussi de zandaqa (païen) fut parfois portée contre des soufis, et aboutit à des condamnations, comme celle de Hallâj*, ou Sohrawardî*.

M-N

MADHHAB

Le terme madhhab désigne une école juridique. Les écoles juridiques se sont formées aux VIIIe-IXe siècles dans le sunnisme. A l'origine le *fiqh**, le droit, s'est élaboré diversement suivant les régions où l'islâm s'était répandu, Médine, Irâq puis Egypte. Dès la fin du Ier siècle de l'hégire, des écoles juridiques, en butte à l'hostilité des traditionnistes, ont commencé à voir le jour. Elles tentent de poser des fondements clairs dans l'étude du droit, à la Mekke et à Médine, à Kûfa et Basra, enfin en Syrie. C'est de ces courants que sortirent les futurs quatre rites dominant le sunnisme. D'abord Abû Hanîfa (mort en 767), Iranien appartenant à l'école iraqienne, puis Mâlik ibn Anas (mort en 795), de l'école de Médine, comme Shâfi'i (mort en 820), et le traditionniste ibn Hanbal (mort en 855). Les premières tentatives d'élaboration du fiqh étaient empiriques ; les quatre grands fondateurs des rites définiront des méthodes fondées sur des principes d'analyse clairs et systématiques, les usûl al-fiqh. Les quatre madhhabs — l'école zâhirite fondée par Dâ'ûd ibn Khalaf (mort en 270 h.) et deux autres écoles disparurent après le XIVe siècle — finirent par dominer le sunnisme et parfois tendirent à établir des ruptures à l'intérieur même du sunnisme, par exemple le mâlikisme (voir *Mâlikite*) qui est reconnu comme unique rite musulman au Maroc. En principe, pourtant, il est possible à un musulman de choisir le madhhab qu'il désire, et ceci indépendamment de son adhésion à l'islâm. Il peut aussi, suivant les cas, soumettre son problème juridique dans le madhhab de son choix. A l'époque moderne les réformateurs dans la ligne d'ibn Taymiyya ont voulu fondé un nouveau madhhab rassemblant tous les autres et ouvert aux shî'ites.

MAHDÎ

Le Messie, celui qui vient à la fin des temps, l'Imâm* attendu.

Voir Sâheb al-Zamân.

MALÂK

Les anges, malâk (pl. malâ'ikat), sont constamment présents dans le Qor'ân. Le terme semble être apparenté à la racine *mlk*, qui a donné le « monde », *molk*, le royaume, ou encore le roi. Mais selon la tradition le mot viendrait de l'ancien sémitique signifiant *messager*. L'affirmation de l'existence des anges est un des dogmes les plus importants de l'islâm.

L'ange a une fonction et une nature bien précises, et certains anges sont désignés par leur nom dans le Qor'ân. Les anges sont dits être faits de lumière, *nûr*, alors que l'homme est fait d'argile dans laquelle Dieu a soufflé de son *rûh**; c'est pourquoi Iblîs fait le premier syllogisme en refusant de se prosterner devant une créature faite d'une matière moins noble que la sienne. L'ange est dit être impeccable, et d'une obéissance totale à l'égard de Dieu. Ils glorifient Dieu sans cesse, et c'est eux qui sont les médiateurs de toute révélation. En effet le Qor'ân précise que Dieu ne s'adresse jamais aux hommes que de derrière un voile ou par l'intermédiaire d'un ange. Les anges ont donc un rôle central dans toute communication divine, et l'un d'eux en particulier pour l'islâm, Gabriel, l'ange de la révélation, l'Esprit-Saint, identifié à l'Intelligence agente par les philosophes (voir *Rûh al-qods*). Ils gardent le Qor'ân céleste, surveillent les hommes et les assistent parfois, lors des batailles. Les anges ont reçu l'ordre de se prosterner devant Adam, ce qu'ils firent, sauf Iblîs qui fut damné, mais à qui il fut permis de tenter l'homme jusqu'à ce que son terme arrive. La faute d'Iblîs fut un problème pour le dogme de l'impeccabilité des anges, de même que la damnation des anges Hârût et Mârût qui, par inadvertance, enseignèrent la magie noire de Babylone aux hommes. La supériorité d'Adam sur les anges est marquée par le fait qu'il connaît les noms des choses que Dieu lui a enseignés et qu'il les enseigne à son tour aux anges.

Certains anges sont nommés avec leurs attributions dans le Qor'ân, et d'autres dans la tradition. Tout homme a deux anges à ses côtés ; celui de la droite enregistre les bonnes actions entreprises, celui de la gauche les mauvaises. C'est un ange qui garde l'enfer, Mâlik, et il est assisté par dix-neuf autres anges.

Quatre anges portent le trône divin. Mikâ'îl est l'ange qui interviendra au moment de la pesée des actes humains. L'ange de la mort est nommé 'Izrâ'îl dans la tradition, et c'est Isrâfîl qui sonnera les trois coups dans la trompette de la résurrection. Dans l'entre-deux de la tombe où se situe le croyant après la mort, il est interrogé par des anges en fonction de ses actes. S'il a commis de grandes fautes il est interrogé par deux anges terrifiants Munkar et Nakîr, si, au contraire il n'a pas commis de péché, il est interrogé par deux anges rassurants Bashîr et Mubashshar.

La spiritualité islamique a utilisé le matériau du Qor'ân et de la tradition pour élaborer une angélologie complexe. Elle est liée à des conceptions cosmogoniques et au rôle central de l'ange, le *rûh**, dans la prophétie et la possibilité de la vision de Dieu et donc de la gnose. Elle combine cette tradition avec des traditions extra-islamiques. Ainsi al-Fârâbî, à partir d'Aristote et du néo-platonisme, envisagera une procession de dix intelligences qu'il nommera les anges, liée à une cosmogonie particulière. Cette conception sera reprise par Avicenne. La procession multiple émanant de la première intelligence provient d'un triple acte de contemplation. Deux hiérarchies sont émanées ainsi, celle des dix intelligences chérubiniques, celle des âmes célestes qui meuvent les Cieux par leur désir de l'intelligence. C'est l'incapacité de la dernière intelligence à produire une nouvelle hiérarchie angélique qui produit les âmes humaines. Un auteur comme *Sohrawardî** combinera l'angélologie islamique avec celle héritée de l'Iran mazdéen dans son grand projet de ressusciter la sagesse de l'ancienne Perse. Il aboutira à l'idée d'une triple procession des intelligences angéliques à partir de la Lumière des lumières, et de la première lumière émanée ; le monde archangélique des « lumières souveraines suprêmes » ou « monde des mères » qui engendre les deux autres, les archanges-archétypes, « seigneurs des espèces », et le « ciel des fixes », puis, les anges-âmes qu'il nomme espahbad. Le shî'isme a développé aussi pour une angélologie propre ; pour les ismaéliens dans la procession des dix intelligences primordiales, celle de la troisième est l'ange Adam qui tombe à la dixième place à cause de son retard à attester son seigneur, et les sept autres intelligences, les Chérubins qui l'aident à reconquérir dans le temps son rang initial.

MÂLIKITE

C'est le traditionniste de l'école de Médine, Mâlik ibn Anâs, mort en 795 (179 h.) qui a fondé l'école mâlikite. Celle-ci est historiquement le deuxième des quatre madhhabs sunnites. Mâlik essaiera de réunir à la fois l'exigence du consensus, l'*ijmâ'**, et le jugement personnel, le ra'y, pour l'élaboration du droit. Le ra'y n'est pas fondé sur la recherche du mieux, l'istihsân, comme dans l'école hanafite*, mais sur la recherche d'un bien commun, général, l'utilité, *maslaha*. Cette détermination du ra'y à partir de l'utilité générale conduit l'école mâlikite à faire une très large place au 'urf, la coutume locale et à la jurisprudence. Cette particularité a entraîné l'acceptation d'un certain nombre de pratiques sociales et de superstitions étrangères à l'islâm, parfois même contradictoires avec les exigences de l'islâm. Ce rite est surtout répandu en Afrique du Nord — au Maroc il est le seul rite sunnite admis à l'exclusion de tout autre — et dans l'Afrique subsaharienne.

MAQÂM

Maqâm (pl. maqâmât) désigne, dans le vocabulaire du soufisme, la station mystique. La station ou l'étape mystique est acquise par la pratique cultuelle répétée. Il y a une succession de maqâmât, définies dans le soufisme, qui conduisent à l'acquisition de grâces sanctifiantes dans le cœur du croyant. Ils permettent l'acquisition d'états spirituels (voir *Hâl*). Ces maqâmât deviendront de véritables demeures spirituelles, des lieux décrits dans la géographie mystique du monde du malakût, les états devenant la présence du cœur à ces stations. A l'aspect volontaire des stations mystiques succède une véritable topologie visionnaire dans le monde imaginal. Les demeures spirituelles deviennent les lieux, les sites de la présence théophanique qu'il faut franchir pour accéder au *tawhîd**. Franchir toutes ces demeures spirituelles revient à totaliser l'ensemble des épiphanies des attributs divins qui s'opèrent alors dans le cœur du mystique. C'est la demeure spirituelle la plus haute, celle de l'union entre le créateur dans son acte de création, dans son épiphanie au cœur, et la créature (voir *Tajallî**) ; là est réalisé le célèbre propos « Celui qui se connaît soi-même connaît son Seigneur ».

MA'RIFA

Terme du vocabulaire mystique apparenté à *'irfân**, gnose.
Ma'rifa désigne un type de connaissance gnostique, à la fois
intuition et transformation salvatrice de celui qui en est le lieu.
Ce terme est utilisé à la fois dans le soufisme et dans le shî'isme.
La première question soulevée à son propos est celle de son
rapport au savoir discursif, le *'ilm*. Le soufisme établit peu à
peu, surtout Dhû'l-Nûn Misrî puis Hallâj, sa supériorité sur le
'ilm. La ma'rifa est conçue alors comme une illumination
gnostique qui prend son origine en Dieu et se résoud dans le
*tawhîd**, l'unification de l'unique. Elle est le propre de la
science du cœur, et les spirituels imâmites la désignent au
moyen de l'expression « ma'rifa qalbiyya », connaissance du
cœur, qui est associée à la vision du cœur, « basîra qalbiyya ».
Cette connaissance spirituelle est le lien qui attache et conjoint
la créature et son seigneur par une illumination venue de lui.
Elle prend sa source dans le tawhîd — dont le sens est qu'il n'y a
que Dieu à être, Dieu établissant sa propre connaissance dans et
par ses créatures qui se réalisent comme théophanies — et
constitue le plan de réalisation de l'amour commun entre Dieu
et celui qui atteste de sa qualité de serviteur de Dieu. Elle ne
peut être envisagée que dans le plan positif de la manifestation
divine. Il n'y a pas de ma'rifa possible de l'essence divine,
celle-ci demeurant l'abîme caché de son épiphanie ; par suite, il
ne peut y avoir de ma'rifa qu'à partir de la *haqîqa mohammadiyya**, le seuil de l'essence divine incréée. Cette connaissance
illuminatrice, où la vision du cœur ne peut être que celle de la
réalité prophétique primordiale qui atteste de son origine. La
ma'rifa est alors identifiée au plan transfigurant du « haqq
al-yaqîn », la certitude réalisée. Ainsi si la ma'rifa est innée chez
l'Imâm, elle provient de celui-ci chez le gnostique. L'Imâm est
aussi l'initiateur de cette connaissance extrême qui est désignée
par le huitième Imâm, 'Alî Rezâ, comme le culte primordial,
celui qui accomplit la religion d'amour : « Le premier service
divin est la ma'rifa de Dieu : la première adoration, le premier
culte, c'est la connaissance, la gnose. La source de la connaissance de Dieu, c'est le tawhîd. »

Voir Fi'dâ'î, Mashhad.

MASHHAD

Mashhad est le nom qui désigne tout lieu d'un martyre. C'est aussi une célèbre ville au nord-est de l'Irân, dans le Khorâsân. Son nom vient de ce qu'elle a été construite autour de l'endroit du martyre (mashhad) du huitième Imâm, 'Alî Rezâ, mort après avoir bu du jus de grenade empoisonné, alors qu'il accompagnait le khalife Ma'mûn qui retournait à Baghdâd. Mashhad est le premier centre de pèlerinage d'Irân. C'est à l'époque safavide que le centre prit son extension avec l'agrandissement du mausolée et le don de biens importants à la fondation de l'Astân-e Qods-e Razavî, le « saint seuil de Rezâ ». Le pèlerinage consiste à tourner trois fois autour du tombeau, tout en maudissant les khalifes 'abbassides Hârûn al-Rashîd et Ma'mûn, les ennemis de l'Imâm. D'autres actes de dévotion à l'égard de l'Imâm sont pratiqués à Mashhad. Le pèlerin qui a accompli cette visite peut porter le titre de mashhadî. La fondation de l'Imâm Rezâ est très riche grâce aux dons de toutes sortes, offrandes apportées par les pèlerins, dons de biens convertis en biens de main morte (awqâf).

la MEKKE

Voir Ka'ba, Hajj.

MEVLÂNÂ (Jalâloddîn al-Rûmî)

Mevlânâ, ou sous sa forme persane Mawlavî, est le titre conféré au mystique persan fondateur de la congrégation des derviches tourneurs, les mevlevîs. Il est né à Balkh en Asie centrale le 30 septembre 1207 (604h.). Son père, Bahâ'oddîn Mohammad Valad, était théologien et soufi, disciple de Najmoddîn Kobrâ. L'invasion mongole en Asie centrale, Balkh sera prise en 1220, pousse la famille de Mevlânâ à émigrer vers l'Ouest. Après des pérégrinations, ils s'installent à Konya, la capitale de l'Empire seldjûkide* d'Anatolie. Lorsque son père meurt en 1230-1231 (628 h.), Mevlânâ le remplace comme prédicateur et muftî. A Konya il s'est lié avec le soufi Sadroddîn Qonyawî, disciple et gendre d'*Ibn 'Arabî*.* C'est en 1244 que Shams-e Tabrîz arrive à Konya. Il devient très vite le confident de Mevlânâ et l'initie au soufisme ; jaloux de sa faveur auprès de Mevlânâ, il semble que ses disciples l'aient fait disparaître. Shams deviendra alors le pôle mystique, secret de Mevlânâ ; il éditera son dîvân sous le nom de Shams. Mevlânâ meurt le 17 décembre 1273 (5 Jomâda

II 672h.), laissant la congrégation qu'il a fondé à Hosamoddîn, à qui succèdera le fils de Mevlânâ, Sultân Valad en 1286. C'est Sultân Valad qui le premier fixera l'ordre de la cérémonie mevlevie, le *samâ'*.

Mevlânâ a laissé des œuvres en prose, et surtout le *Mathnavî*, que l'on nomme parfois le Qor'ân persan. Vaste suite de récits mystiques en 26 000 distiques, il raconte le pèlerinage de l'âme dans la voie de Dieu. Il s'appuie sur une expérience intérieure visionnaire opposée à la sécheresse rationnelle et stérilisante de la philosophie. Ce texte fut inlassablement médité et commenté dans les couvents mevlevis qui se sont développés dans l'Empire ottoman, mais aussi par un grand nombre de soufis.

MIHRÂB

Niche servant à indiquer la direction de la Mekke dans une mosquée.

Voir Qibla.

MI'RÂJ

Le mi'râj est l'ascension du prophète à laquelle il est fait allusion dans le Qor'ân (17:1) : « Gloire à celui qui a transporté son serviteur de la Mosquée sacrée à la Mosquée la plus éloignée autour de laquelle Nous avons mis Notre bénédiction, afin de lui faire voir certains de Nos signes. » C'est une des visions que le Prophète a eu. Le terme employé dans le Qor'ân est isrâ', le voyage nocturne. On a distingué entre le voyage qui conduit Mohammad du sanctuaire sacré au sanctuaire le plus éloigné, et l'ascension proprement dite, mi'râj. Ce terme désigne aussi l'échelle par laquelle les anges et les esprits montent à Dieu, les ma'ârij en constituant les degrés.

La tradition décrit donc deux phases ; la première est celle du voyage nocturne de Mohammad sur la monture prophétique Burâq (comparable à une petite jument ailée et dont la tête est humaine ; elle a, selon la tradition déjà été utilisée par d'autres prophètes, en particulier Abraham), de la Mekke, jusqu'à la Jérusalem céleste. C'est de là que Mohammad, accompagné par Gabriel, franchit les sept cieux jusqu'au trône divin. Dans chaque ciel, on demande son nom à Gabriel. Chaque ciel correspond à un prophète particulier que Mohammad rencontre au cours de son ascension. La tradition mystique identifiera chacune de ces étapes à un sens ésotérique du Qor'ân réalisé dans le cœur et correspondant à un rang prophétique particulier (voir *Ta'wîl*). C'est durant l'ascension qu'a lieu la détermination du nombre des prières quotidiennes ; celles-ci fixées par Dieu d'abord à cinquante, sont réduites à cinq sur la demande du Prophète conseillé par Moïse.

La proximité du trône est exprimée dans le Qor'ân de façon allusive (53:8-9) : « Puis il s'approcha et demeura suspendu ; et fut à la distance de deux jets d'arc (« qâb qawsayn »), ou un peu plus près ». Cette distance à laquelle se tient le Prophète a été particulièrement commentée dans la tradition religieuse. Le texte est ambigu, on ne sait pas s'il s'agit de l'ange Gabriel, de Dieu ou du prophète lui-même. Il est précisé dans la même sourate (13-14), que Mohammed avait vu Dieu une autre fois : « Certes il l'avait vu une autre fois, au Lotus de la Limite, là où est le séjour du jardin du séjour à demeure. » Le problème de la vision directe de Dieu a soulevé d'importantes controverses en islâm. La question est en partie résolue, dans la tradition spirituelle en identifiant l'ange de la révélation à ce qui de Dieu est révélable ; la vision de l'ange personnel du Prophète est ainsi celle de son Seigneur, celui-ci ne se révélant toujours que dans une forme épiphanique. Le Lotus de la Limite est alors la limite de l'être même du Prophète, et ce qu'il contemple c'est son propre paradis intérieur, celui de la vision de son être devenu le support théophanique par excellence, selon son propos : « Celui qui se connaît, connaît son Seigneur. »

L'expérience de l'ascension prophétique est pour le soufisme le type même de l'expérience mystique. Elle fonde le projet spirituel de réaliser le *tawhîd**par l'ascension progressive de l'âme jusqu'à sa limite propre, celle où il lui est donné d'adorer son Seigneur dans l'union mystique.

MOHAMMAD

Mohammad est le prophète de l'islâm, le sceau des prophètes. Particulièrement révérée et considérée comme exemplaire, sa vie a été, très tôt, l'objet de biographies pieuses, la sîra. Il est difficile de discerner ce qui est historiquement vrai de ce qui est de l'ordre de la légende. Les grandes étapes de sa carrière et son caractère sont toutefois indiscutables. On peut diviser sa vie en trois périodes, la jeunesse, la période de la prédication mek-koise, puis la période de l'hégire à Médine.

Il était le fils de 'Abdallah, fils de 'Abd al-Muttalib, fils

Hâshim, fils de 'Abd al-Manâf, fils de Quçay, celui qui avait établi le pouvoir de la tribu de Qoraysh sur la Mekke. Il était donc qorayshite, du clan hâshémite. Lorsqu'il est né, son clan était déjà fortement appauvri. Son père étant mort avant sa naissance, il fut orphelin tout de suite. Il est né vers 570 à la Mekke et fut élevé par son grand-père 'Abd al-Muttalib. Sa mère mourut alors qu'il n'avait que six ans et son grand-père deux ans plus tard. Il fut alors confié à son oncle Abû Tâlib, le père de 'Alî. Il se maria à l'âge de vingt-cinq ans, avec une riche veuve de quarante ans, Khadîja, qui joua un grand rôle dans sa vie, notamment son apostolat.

C'est à l'âge de quarante ans, en 610, que Mohammad commença à avoir ses premières visions de Gabriel (*wahî**). L'ange lui dit : « O Mohammad, tu es le Messager de Dieu. » C'est dans une grotte de Hirâ', où il se rendait pour se recueillir qu'il eut la première révélation qorânique, la sourate al-'Alaq(96), qui commence par l'injonction de l'ange : « Iqra' (…) », « récite ! » ou « prêche ! ». Ces révélations successives inquiétèrent Mohammad, et Khadîja lui donna confiance en sa mission par ses encouragements. La période qui suit, jusqu'à l'émigration à Médine, ne présente pas une chronologie très précise, mais on peut en exposer un plan à peu près exact. Il a commencé à prêcher dans un milieu très restreint, ses amis, pendant trois ans. En 613, il a commencé la prédication publique. Les conversions et les persécutions qui s'ensuivirent conduisirent à une première émigration des musulmans en Abyssinie en 615.

En 616 le clan de Hâshem a commencé à boycotter le groupe des convertis. En 618 ou 619, le boycott cessait, et, en 619, Abû Tâlib et Khadîja mouraient. En 619 Mohammad part à Tâ'if, et en 620 il commence à convertir des Médinois. Enfin en 621, puis en 622, ont lieu les deux conventions d'Aqabah, entre le Prophète et les Médinois qui entraînent l'hégire. L'époque de la Mekke est l'apparition d'une nouvelle religion ; celle-ci est fixée dans tous ses dogmes principaux dès cette période. Mais c'est la période médinoise qui verra les codifications sociales et politiques de l'islâm.

La période médinoise
Mohammad, pour échapper aux difficultés de plus en plus grandes qu'il rencontre à la Mekke, envoie ses compagnons à Médine, secrètement par petits groupes, puis les rejoint. Il

arrive dans l'oasis de Qubâ' le 4 septembre 622. La période médinoise est celle de la constitution de l'Etat arabe islamique et des campagnes militaires, les maghâzî. Mohammad a organisé son Etat par un pacte et a pris l'initiative de la « guerre » contre les Mekkois. En mars 624, le 13, le 15 ou 17, a lieu la bataille de Badr, où les musulmans sont victorieux, elle entraîne une guerre totale avec les Mekkois. Les Mekkois rassemblèrent une forte armée qu'ils placèrent sous le commandement d'Abû Sofyân et attaquèrent Médine. La bataille eut lieu à Ohod le 23 mars 625 et fut une défaite pour les musulmans. Les Mekkois n'exploitèrent pas cet avantage militaire. Mohammad menait une politique active de ralliement des tribus et en mars 627, les Mekkois mirent le siège devant Médine. La bataille, dite du « fossé », khandaq, commença le 31 mars pour s'achever quinze jours plus tard, principalement à cause des dissensions intervenues dans l'armée mekkoise. Mohammad engagea alors une politique d'alliance et conclut le traité d'al-Hudaybiyah avec les Mekkois, en mars 628, à la suite de son expédition sur la Mekke pour y accomplir le pèlerinage. Le traité prévoyait l'arrêt du blocus de la Mekke et des hostilités pendant dix ans et le droit pour les musulmans d'accéder aux Lieux saints une fois par an pour y accomplir le pèlerinage. En fait il y eut dix-sept expéditions musulmanes contre les Mekkois, dont khaybar, jusqu'à la reddition de la Mekke, le 11 janvier 630, ou aux alentours de cette date. C'est Abû Sofyân qui négocia la reddition en échange de l'amnistie générale pour les Mekkois. La prise de la Mekke a pris le nom de Fath, la Conquête. Mohammad continua son œuvre d'unification des Arabes avec la victoire de Hunayn contre les tribus nomades et les gens de Tâ'if, le 31 janvier 630. Puis il partit assiéger al-Tâ'if qu'il prit. On sait très peu de choses sur la fin de la vie du Prophète. Il parvint pratiquement à unifier tous les Arabes dans l'Islâm, sauf certains groupes tribaux, et il lança la première expédition militaire à l'extérieur de l'Arabie, en Syrie. Il mourut trois mois après son dernier pèlerinage à la Mekke, le 8 juin 632 (13 rabî' I h.). C'est là qu'il fut enterré par sa fille Fâtima et 'Alî ; sa tombe est devenue un des buts du pèlerinage à la Mekke.

Mohammad était de taille moyenne, de teint pâle. Il avait les yeux et les cheveux noirs. Il était d'une très grande honnêteté et d'un grand tact. Sa sensibilité, sa douceur, son goût pour les roses et les jeux enfantins (il perdit tous ses garçons en bas âge), son amour pour les animaux, en font un modèle pour les musulmans. Il était souvent triste, absorbé dans ses réflexions, ses états spirituels. Il est pour les spirituels le modèle de la délicatesse, le prophète de la religion d'amour pour Dieu, celui qui enseigne le sens de la théophanie dans la beauté.

MOJÂHIDIN Voir Jihâd.

MO'JIZA

Terme utilisé pour désigner les miracles, réservé aux prophètes par le Qor'ân. Il est de la même racine que *I'jâz*, l'inimitabilité du Qor'ân (le miracle propre à Mohammad, c'est le Qor'ân). Le miracle est un privilège prophétique. Il est opéré par le Prophète lui-même et représente ainsi un pouvoir particulier qui prouve l'authenticité de sa mission. Au contraire du saint qui est possédé par les charismes lorsque l'ivresse spirituelle le saisit, le Prophète est maître de son pouvoir et peut l'utiliser à tout moment.

MOJTAHED

Littéralement, celui qui pratique l'*ijtihâd**, l'effort personnel d'interprétation des textes pour aboutir à une solution juridique. Pour les sunnites « la porte de l'ijtihâd » a été fermée dès le IXe siècle avec les quatre fondateurs, nommés Imâms, des madhhabs *hanafite**, *mâlikite**, *shâfi'ite*, puis *hanbalite**. Dans le shî'isme, à l'origine l'ijtihad fut condamnée parce que suspecte d'innovation. L'ijtihâd n'a été admise finalement qu'à partir du XIIIe-XIVe siècle. Les mojtaheds sont donc les interprètes de la Loi qui, par l'effort de la raison (al-'aql), codifient toutes les pratiques quotidiennes, culte et comportement social. Le mojtahed est celui qui au bout d'un certain nombre d'années d'études (elles ne sont pas sanctionnées par des examens) obtient de son maître une autorisation d'enseignement des matières théologiques, une ijâza. Il n'y a toujours que peu de théologiens parvenus au niveau d'études qui leur permettraient d'être des mojtaheds. Ainsi, pour la communauté qui ne possède pas les connaissances suffisantes pour pratique l'ijtihâd, le mojtahed est la garantie d'une bonne pratique religieuse. Le croyant doit donc prendre le mojtahed comme un pôle d'imitation, un marja'-e taqlîd. Chacun, suivant ses affinités personnelles, choisit le mojtahed à qui on donne le titre d'*ayatol-*

lâh*, dont il suivra les recommandations. Chaque mojtahed est tenu de rédiger son traité pratique dans lequel il expose tous les éléments de la Loi selon son interprétation.

Les mojtaheds, depuis l'instauration du shî'isme comme religion d'État par les Safavides, après la prise de Tabrîz en 1501 par Shâh Esmâ'il et les qizilbâsh, ont eu une influence très grande sur le pouvoir politique. Dès la dynastie safavide leur influence fut telle que certains souverains se considérèrent comme les auxiliaires des docteurs de la Loi. Les interventions des théologiens se multiplièrent dans la politique de l'Irân, en particulier sous les Qâjârs. Ainsi, en 1891 le boycott du tabac demandé par l'ayatollâh Hâjjî Mirzâ Hasan Shîrâzî obligea le souverain Nâsereddîn Shâh à racheter le monopole du tabac accordé aux Britanniques. C'est ce mouvement qui a ensuite conduit à la révolution pour l'adoption de la constitution de 1906. La doctrine de l'imâm Khomeynî sur le gouvernement des juristes théologiens est l'aboutissement naturel de cette évolution. La doctrine politique shî'ite suppose la souveraineté divine absolue. Etant donné l'occultation de l'Imâm, seuls les théologiens, les interprètes de la volonté de l'Imâm, sont théoriquement habilités à déterminer les grandes orientations politiques de la communauté. L'absence de l'Imâm peut aussi conduire les théologiens à une simple position critique dans la politique et non à l'établissement d'un pouvoir religieux.

MOLLÂ

Le mollâ est un théologien de base en Irân, comparable à un curé en Occident. Il a fait des études théologiques dans tous les domaines des sciences religieuses, mais d'un niveau limité. Il n'est pas rétribué, seul les religieux dirigeant la prière du vendredi le sont. Il vit des dons qu'on lui fait, et souvent aussi d'un métier qu'il pratique en plus : écrivain public, etc. Les villages ont souvent un mollâ qui est attaché à la mosquée, ou alors un derviche* qui assure la direction de la communauté.

MOLLÂ SADRÂ SHÎRÂZÎ

Mollâ Sadrâ, ou Sadr al-Mota'allihîn, « guide des théosophes », est le surnom de Sadroddîn Moh. ibn Ibrâhîm Shîrâzî, un des plus grands penseurs shî'ites. Il est né en 1571-72 (979-980 h.) à Shîrâz. Son père était un notable et il l'envoya faire ses études à Isfahân, capitale et centre intellectuel de l'empire safavide. Il y étudia les sciences islamiques traditionnelles sous la direction du shaykh Bahâ'oddîn 'Amîlî (mort en 1621), puis devint le disciple du célèbre philosophe et gnostique Mîr Dâmâd (mort en 1631-32) ainsi que de Mîr Abû'l-Qâsim Fendereskî. L'incompréhension qu'il rencontre continuellement à Isfahân le pousse à partir. Il s'installe donc à Kahak, à trente kilomètres au sud de Qomm où il passe environ dix ans, attirant des disciples de plus en plus nombreux. Le gouverneur de Shîrâz, Allahverdî Khân lui fit alors construire une madrasa dans cette ville et l'appela pour y enseigner. C'est là que Mollâ Sadrâ passa le reste de sa vie jusqu'à sa mort qui se produisit à Basra, alors qu'il revenait de son septième pèlerinage à la Mekke, en 1640 (1050 h.).

Il a influencé toute la pensée iranienne jusqu'à nos jours. Pour lui l'essence dépend de l'existence qui la précède. L'existence s'accomplit selon trois modes, dans le monde sensible, dans le monde imaginal (l'imagination est alors conçue comme une faculté créatrice et indépendante du monde sensible) et dans le monde des intelligences. C'est l'âme elle-même qui crée son enfer ou son paradis en devenant le miroir par lequel l'Esprit se connaît en produisant en elle une forme qui se connaît elle-même dans l'âme. Cette conception est liée à celle de l'âme qui chute et qui doit remonter à son humanité pleinière dans le monde imaginal, comme corps de résurrection. La matière telle que la conçoit Mollâ Sadrâ est elle-même située sur plusieurs plans, sensible mais aussi subtil et spirituel.

MONÂJÂT

Les oraisons des soufis lors de leurs veillées nocturnes, les psaumes, ou encore les entretiens intimes du spirituel avec son Dieu. Le terme monâjât fait partie du vocabulaire soufi et désigne un type d'expérience spirituelle essentiel car il est l'intimité réalisée entre le mystique et Dieu. Ils prennent leur source dans les expériences extatiques de Moïse, qui entend les paroles divines au cours de ses entretiens secrets, et David, dont le chant est tout entier une inspiration d'amour pour son Dieu. C'est chez *ibn 'Arabî** que l'on trouve une interprétation systématique de l'oraison mystique. L'oraison est développée à partir de l'exemple du prophète Mohammad qui y touve sa « consolation ». Elle est un entretien secret qui réunit l'amant et l'aimé. Elle comporte trois stades successifs, la présence, l'audition et la vision. Il s'agit d'un service divin qui comporte une mémoration, un dhikr, et qui en rendant présent Dieu au spirituel rend celui-ci présent à lui-même et le sort de son occultation (fanâ'). Elle est l'expérience spirituelle limite qui, en découvrant la compassion divine, crée le Nom divin virtuel dans le mystique. Chaque existence est l'épiphanie d'un nom comme virtualité. L'oraison révèle ce nom au spirituel qui devient ipso facto vivant de ce Nom même. A chaque croyant correspond donc une forme de culte créateur, d'oraison, comme le révèlent les versets qorâniques : « Chaque être connaît sa prière et sa forme de glorification » et « Il n'est point d'être qui ne glorifie sa gloire ». Chacun a donc à découvrir le nom dont il est l'épiphanie en réalisant dans l'oraison l'union de l'amant et de l'aimé dans laquelle le croyant glorifie son Dieu et celui-ci le glorifie dans une même compassion.

Les monâjât sont aussi pratiqués dans le monde shî'ite où il existe de véritables recueils de prières confidentielles à suivre pour chaque moment. Ils sont la condition d'une intimité visionnaire avec l'Imâm, tout comme le rêve dans le sommeil.

MO'TAZILISME

Le mo'tazilisme, fondé par Wâsil ibn 'Atâ' (mort en 748), à Basra, sous le khalifat omayyade, d'abord en opposition vis-à-vis du khalifat' abbasside, en deviendra l'école officielle sous le khalife Ma'mûn. Leur nom, mo'tazila, signifie ceux qui se sont séparés. Suivant une tradition, c'est sur la question du péché grave que Wâsil se serait séparé de son maître Hasan Basrî (mort en 728) ; il se serait alors éloigné avec ses partisans de la colonne de la grande mosquée, où son maître tenait son enseignement, et aurait commencé à enseigner sa propre pensée ; Hasan al-Basrî aurait alors désigné Wâsil comme un sécessionniste. Les mo'tazilites furent la première école organisée et systématique du *kalâm** sunnite, la théologie apologétique. Elle est caractéristique de la nécessité de définir les points doctrinaux qui permirent la défense d'un strict sunnisme sous le khalifat d'al-Ma'mûn.

Bien que séparés en deux écoles, l'école de Basra fondée par Abû'l-Hudhayl al-'Allâf (mort en 841 ou 850), et l'école de Baghdâd fondée par Bishr al-Mu'tamir (mort en 825), les mo'tazilites sont attachés à de grandes notions communes. Les mo'tazilites se nomment eux-mêmes « ahl al-'adl wa'l-tawhîd », les gens de la justice et de l'unicité. Leur premier thème est celui de l'unité divine, le *tawhîd**. Ils défendent l'unité absolue de Dieu, statique, inconditionnée. Par un tanzîh, une opération de dépouillement de l'essence divine, ils aboutissent à la négation des attributs divins, à l'impossibilité totale de la vision de Dieu et à la négation du caractère incréé du Qor'ân, qui ne peut subsister comme attribut. De même si Dieu connaît les créations, ce ne peut être que par une science créée et contingente. Le second thème est celui de la justice divine. Pour eux la Volonté divine, la Mashî'a du Qor'ân, ne concerne que son dessein éternel et son acte créateur. Les actes humains, le bien et le mal, sont créés par l'homme selon son absolu libre arbitre qui implique sa totale responsabilité au jour du Jugement. Le troisième est celui de « la promesse et de la menace ». Il est nécessaire que l'infidèle soit châtié dans l'au-delà s'il ne se repent pas ; sa responsabilité est totale, et le châtiment s'exerce sans que puisse intervenir la grâce. Le quatrième thème est celui de l'intermédiaire entre le croyant et le pécheur. Les péchés graves, s'ils ne sont pas du *kofr**, l'impiété, retranchent le croyant de la communauté sans pour autant lui donner le statut de kâfir, incroyant. La dernière thèse est celle de la commanderie du bien et de l'interdiction du mal. Théoriquement, le musulman doit redresser l'erreur là où il la trouve. Pour les mo'tazilites, la rectification doit se faire par la menace de mort et l'exécution si nécessaire. Cette conception a abouti à l'inquisition d'État mo'tazilite.

En juin 827, le mo'tazilisme fut proclamé doctrine d'État par le khalife al-Ma'mûn, ce qui conduisit à la mise en place d'une inquisition d'État, la mihna. Les adversaires des thèses mo'tazilites furent exilés, condamnés à des châtiments corporels, et même exécutés. *Ibn Hanbal*, lui-même, qui avait adopté une attitude de ferme résistance, fut arrêté, flagellé et incarcéré vingt-huit mois. L'inquisition s'accrut encore sous le règne d'al-Wâthiq (842-847). Son successeur, al-Mutawakkil (847-861), prit ses distances vis à vis du mo'tazilisme et en vint à interdire le *kalâm**. Il encouragea les traditionnistes des rites juridiques et le mo'tazilisme fut condamné et pourchassé. Une autre école, fondée par un ancien mo'tazilite, Ash'arî (voir *Ash'ariyya*), tenta de concilier le kalâm avec les positions religieuses.

MUEZZIN

Voir Adhân.

MUSLIM

Terme arabe désignant le musulman, celui qui a fait la profession de foi musulmane. Le musulman est celui qui fait acte de soumission à Dieu dans la foi, et qui le manifeste par ses actes. Il adhère ainsi au destin de la communauté qui est rattachée dans l'histoire au destin de la révélation. Cette adhésion se manifeste par la *shari'a** qui définit autant sa responsabilité vis-à-vis de sa communauté que vis-à-vis de Dieu dans son destin personnel.

NABÎ

Le nabî est le prophète messager, annonciateur. On lui attribue des qualifications et des fonctions qui lui confèrent tel ou tel rang. On distingue ainsi quatre sortes de nabî, dont le plus élevé est le nabî rasûl, le prophète envoyé ou encore législateur.

Voir *Prophétie*.

NAFS

Terme qorânique désignant l'âme et se distinguant du *rûh**, l'esprit. Elle est, dans le Qor'ân, le siège des passions charnelles, le moi dans lequel s'opère la tentation ; le mot nafs sert à désigner l'âme et s'emploie comme pronom réfléchi. La nafs est donc l'identité de l'individu associée à un corps particulier que l'esprit, rûh, insufflé par Dieu fait vivre. La nafs est le siège de l'activité corporelle, ce qui l'anime, le fait désirer etc. Le Qor'ân distingue trois caractéristiques de la nafs ; la *nafs ammâra*, est l'âme concupiscente, prisonnière de la chair, qui doit être maîtrisée ; la *nafs lawwâma*, qui s'adresse des reproches, soit qu'elle censure ses tendances au péché, soit qu'elle se les représente et s'en blâme au jour du jugement ; la « *nafs motma'yanna* » (motma'inna), l'âme pacifiée qui retourne à son Seigneur en l'agréant.

C'est sur la transformation de la nafs ammâra en nafs motma'inna que le soufisme et la gnose shî'ite insisteront. Les versets qorâniques qui fondent leur réflexion sont les suivants (Qor. 89:27-30) : « Ô âme pacifiée, retourne à ton Seigneur, agréante et agréée ! Entre parmi Mes serviteurs ! Entre dans Mon jardin. » Ces versets s'inscrivent dans la description du jour du jugement, ce qui leur confère un sens eschatologique. Ils posent le projet du soufisme ; il faut purifier l'âme et la transfigurer en lieu d'attestation, d'adoration. Il s'agit donc de découvrir le moi primordial, celui qui a son site dans l'autre monde, puisque l'homme est intermédiaire entre ce monde et l'autre.

On considère dans le soufisme qu'il y des principes internes à l'homme qui s'emboîtent les uns dans les autres et qu'il faut franchir successivement pour parvenir à la pacification ; on aura par exemple la nafs qui contient le cœur, *qalb**, puis l'esprit, *rûh**, enfin la transconscience, *sirr*. L'âme sera introduite dans la conception de la création suivant le schéma néo-platonicien. Dans la philosophie avicennienne, l'intelligence a trois actes d'intellection successifs qui engendrent trois réalités, le second intellect, l'âme du premier ciel, et la matière de ce ciel. Ce schéma sera repensé dans la théosophie shî'ite et conduira à poser une âme universelle (nafs kolliyya), identique à celle des Quatorze Immaculés, dont les âmes terrestres sont les émanations particulières. L'âme pacifiée est celle qui découvre dans l'âme de la réalité mohammadienne son propre moi, sa propre âme ; en persan, jân-e jân, l'âme de l'âme, c'est-à-dire l'ésotérique de l'âme du pèlerin, son Seigneur personnel. Cette âme se découvre alors totalement lors de la grande résurrection. C'est l'âme qui demeure dans le *barzakh**, après la mort et où elle croît jusqu'à atteindre le moment de sa maturité où lui est révélé son sens véritable, l'âme de l'Imâm. Cette âme est appelée *nafs nâtiqa*, l'âme du monde, identifiée aussi au cœur (voir *Qalb*), et au korsî, le firmament. Elle est est en définitive la forme de l'esprit adamique primordial, de la réalité prophétique.

NAHJ AL-BALÂGHA

Littéralement « le chemin de l'éloquence » ; c'est le recueil des propos et des enseignements de l'Imâm *'Alî**, rassemblés par Seyyed Shârif Râzî (mort en 406 h./1015). C'est l'ouvrage de base du shî'isme avec le Qor'ân et les *hadîths* du prophète. Il fournit à la pensée shî'ite à la fois ses questions principales et ses thèmes de méditation, ainsi que son lexique technique, concepts, formulations des questions.

NÂSIR -E KHOSRAW

Un des grands penseurs ismaéliens. Il est né en 1004 (394 h.) à Qobadiyân, dans la région de Balkh. Il semble avoir été Seyyed, descendant de 'Alî. À l'âge de quarante-deux ans il semble s'être converti à l'ismaélisme, ou s'être décidé à s'engager activement dans cette voie. Il donne sa démission de fonctionnaire des finances à Merv en décembre 1045, puis part pour l'Egypte fatimide. Il semble être resté six ans au Caire, après quoi il retourna à Balkh en 1052, où il était vraisemblablement envoyé comme Dâ'î, missionnaire. Il est chassé de chez lui et se réfugie à Yomgân, dans l'Hindoukoush en 1061 où il achève la rédaction d'un ouvrage. A la demande du prince de Badakhshân 'Alî ibn Asad, il rédige, en 1070, *Le livre des deux sagesses*, dans lequel il s'efforce de concilier par le *ta'wîl** la philosophie grecque et l'ismaélisme. Il est mort entre 1072 et 1077 (465-470h.).

NIYYA

L'« intention droite » qui conditionne l'authenticité de tout acte de la vie d'un musulman, en particulier les actes cultuels. Elle est la condition absolue de la recevabilité de la prière et est formulée expressément avant de l'entamer. C'est dans ce sens qu'elle est exprimée par l'ensemble des religieux et des mystiques de l'islâm. Selon la tradition, la niyya est une propriété du cœur, lui-même siège de la foi et des visions imaginales. La niyya réaffirme ainsi le nécessaire enracinement du culte, de la *sharî'a**, dans la foi et la *haqîqa**.

NIZÂRÎ

Branche iranienne dissidente de l'ismaélisme fatimide. Le khalife-imâm fatimide Mostansir bi'llâh avait désigné son deuxième fils al-Mosta'lî pour lui succéder. Une partie des ismaéliens se rangèrent aux côtés de son fils aîné, Nizâr (assassiné au Caire en 489h./1096), le reconnaissant comme Imâm ; les autres reconnurent au contraire al-Mosta'lî et continuèrent la tradition fatimide. Les partisans de Nizâr, les Nizârî, se réfugièrent en Syrie et en Irân où ils fondèrent des commanderies. L'une d'elles est particulièrement célèbre, celle d'Alamût. C'est Hasan b. al-Sabbâh (mort en 518h./1124), missionnaire d'al-Mostansir qui la prit et y installa son organisation de *fidâ'î**, qui devait combattre les Seljukides*, défenseurs du sunnisme, en pratiquant le meurtre sélectif.
Ils doivent leur nom, *hashâshiyya* (qui a donné en français *assassin*), ceux qui usent de *hashîsh*, à la propagande anti-ismaélienne des 'Abbâssides. Elle a été reprise dans la littéra-

ture occidentale ; elle repose sur l'assimilation de la définition que donne d'elle-même la communauté ismaélienne, da'wa, comme « paradis virtuel », celle où se réalise le rang virtuel de l'Adam primordial, à des turpitudes sexuelles, etc, qui correspondent aux mécanismes courants de l'exclusion. La lutte entre les 'Abbassides, en fait les Seljukides et les nizârî s'intensifia, la répression engendrant les meurtres répétés des hommes politiques hostiles à l'ismaélisme.

L'événement marquant de l'ismaélisme d'Alamût fut la proclamation de « la résurrection des résurrections », qiyâmat al-qiyâma, le 8 août 1164 (17 ramazân 559h.) par le grand maître de l'ordre, l'Imâm Hasan (520-561h./1126-1166), 'alâ dhikrihi'l-salâm ; par cet acte était abolie la *sharî'a**, et proclamé le règne du sens caché dans une religion purement spirituelle, débarrassée des rituels. La forteresse fut finalement détruite par le Mongol Hûlâgû en 1256 (654 h.), et les nizârî durent entrer dans la clandestinité pour échapper à l'anéantissement total dont les menaçaient les massacres. Ils furent dispersés et une partie d'entre eux se réfugia dans le soufisme. Les nizârî comme les ismaliens fatimides, furent à l'origine d'une grande production « philosophique », dont une grande partie fut détruite par leurs ennemis, en particulier lors de la destruction de la forteresse d'Alamût. Les ismaéliens nizârî sont connus aujourd'hui en Inde sous le nom de Khoja, et reconnaissent comme chef spirituel, l'Âghâ Khân.

O

OMAYYADE

Dynastie fondée par Mo'âwiya b. Abî Sofyân en juillet-septembre 661. Elle est considérée comme la fin de l'état idéal, celui de la théocratie des quatre premiers khalifes, les biens guidés, « al-Rashîdûn » (633-661). Elle marque la revanche de l'aristocratie arabe de la Mekke sur l'époque des compagnons du Prophète. La tradition historiographique de tendance piétiste leur reprochera cette mutation, et Yazîd (mort le 11 novembre 683), le fils de Mo'âwiya, sera maudit pour avoir massacré *Hoseyn** et sa famille à *Kerbelâ*, ainsi que pour avoir fait détruire la *Ka'ba* par ses machines de guerre, et livré Médine au massacre et au pillage pendant trois jours (63h.). Deux Empires omayyades se succèdent, le premier est le khalifat de Damas, le second est l'émirat puis khalifat de Cordoue, en Espagne. Deux branches omayyades se partageront le pouvoir dans le premier empire, successivement, celle de Mo'âwiya, puis celle de Marwân b. al-Hakam b. Abî'l-'As, appelée marwanide, à partir de 684.

Khalifat omayyade de Damas :

Mo'âwiya	juillet-sept 661/41 h.
Yazîd	avril 680/60 h.
Mo'âwiya II	novembre 683/64 h.
Marwân b. al-Hakam	juin 684/64 h.
'Abd al-Malik	avril 685/65 h.
al-Walîd	octobre 705/86 h.
Suleymân b. 'Abd al-Malik	février 715/96 h.
'Omar II, b. 'Abd al-'Azîz b. Marwân	octobre 717/99 h.
Yazîd II, b. 'Abd al-Malik	février 720/101 h.
Hishâm b. 'Abd al-Malik	janvier 724/105 h.
al-Walîd II, b. Yazîd II	février 743/125 h.
Yazîd III, b. al-Walîd	avril 744/126 h.
Ibrâhîm b. al-Walîd	octobre 744/126 h.
Marwân II, b. Moh. b. Marwân	décembre 744/127 h.

L'incapacité de Mo'âwiya II a provoqué la prise de pouvoir par l'autre branche de la dynastie, les Mawanides. Marwân arriva vieux sur le trône ; son fils se révéla être un grand khalife, entouré de bons conseillers, al-Muhallab, et surtout al-Hajjâj qui fit de l'empire une monarchie absolue par des réformes administratives et par de grands travaux d'infrastructure. C'est 'Omar II qui va relancer l'empire en associant davantage les convertis non arabes, les mawâlî, à l'aristocratie arabe. Son successeur, Hishâm, avec la reprise des conquêtes jusqu'en Gaule et en Asie centrale, gouverne un empire parvenu à son apogée. Le règne d'al-Walîd II, ivrogne, est l'entrée dans le déclin ; très rapidement le mécontentement déjà répandu déboucha sur la grande révolte des 'Abbassides menée par leur général Abû Muslim. Leur victoire finale en Egypte, avec le meurtre du dernier khalife, le 7 juillet 750 (134 h.) est la fin de la dynastie omayyade. Leur famille est entièrement massacrée, mais l'un d'entre eux 'Abd al-Rahmân b. Mo'âwiya b. Hishâm parvient à s'enfuir en Espagne où il fonde l'émirat omeyyade de Cordoue en 756.

Les Omayyades en Espagne

L'histoire de la dynastie omayyade en Espagne se divise en trois périodes. La première est la consolidation de l'émirat indépendant de Cordoue, fondé par 'Abd al-Rahmân1er. La seconde commence avec le long règne de 'Abd al-Rahmân III, de 912 à 961 ; il commence par pacifier le royaume puis se proclame khalife, amîr al-mu'minîn (le titre sera ensuite conservé par les dynasties marocaines), sous le nom de « al-Nâsir li-Dîn Allâh », en 929 (316 h.). Il restaure ainsi le khalifat omayyade et, pour un temps, coexistent en Islâm trois khalifes concurrents, l'Omayyade à Cordoue, le Fatimide au Caire, et l'Abbasside à Baghdâd. A partir de 931 (319 h.), par la prise de Ceuta, il entame la conquête du Maghreb (le Maroc) qu'il réussit à conquérir en partie. Il meurt le 15 octobre 961 à l'âge de 73 ans. L'empire se maintient sous le règne de Hishâm II grâce à l'établissement de la dynastie des « maires du palais », les Amirides. L'Amiride 'Abd al-Rahmân, surnommé Sanchuelo, tenta de déposer Hishâm II à la fin de son règne pour prendre sa place. Mohammad II al-Mahdî, le fils du khalife prit le pouvoir et fit exécuter Sanchuelo avec ses partisans. L'empire entra alors dans sa troisième phase, celle du déclin, déchiré par les dissensions entre Berbères, Arabes, Slaves, Mozarabes, et la guerre civile. Finalement le dernier khalife omayyade Hishâm III disparut en 422 dans des circonstances inconnues, enfui en Orient ou exécuté.

Emirs de Cordoue (khalifes à partir de 'Abd al-Rahmân III):

'Abd al-Rahmân I	756/138 h.
Hishâm I	788/172 h.
al-Hakam I	796/180 h.
'Abd al-Rahmân II	822/206 h.
Muhammad I	852/238 h.
al-Mundhir	886/273 h.
'Abd Allâh	888/275 h.
'Abd al-Rahmân III, al-Nâsir li-Dîni'llah	912/300 h.
al-Hakam II, al-Mustansir bi'llah	961/350 h.
Hishâm II, al-Mu'ayyad bi'llah	976/366 h.
Muhammad II, al-Mahdî	1009/399 h.
Sulaymân, al-Musta'în bi'llah	1009/399 h.
'Abd al-Rahmân IV, al-Murtadâ	1017/408 h.
'Abd al-Rahmân V, al-Mustazhir bi'llah	1023/414 h.
Muhammad III, al-Mustakfî bi'llah	1023/414 h.
Hishâm III, al-Mu'tadd bi'llah'	1027/418 h.

OTTOMAN

L'Empire ottoman, osmanli en turc, du nom de son fondateur 'Othmân, fut le plus grand et le plus durable Empire turc, ainsi que la dernière grande expansion de l'Empire musulman. A l'origine fondé à l'ouest de l'Asie Mineure et en Europe, il s'appuya sur l'élément européen de sa population. Il disparut autant du fait de sa décadence interne, du colonialisme que de son impossibilité à intégrer le nationalisme. Il est possible de distinguer cinq grandes périodes dans l'histoire de l'Empire ottoman.

Fondation et première expansion

La fondation et la première expansion jusqu'à l'invasion de Tamerlan. La dynastie a été fondée par un bey, 'Othmân, installé dans un avant-poste de l'ex-royaume seljûkide, au nord-ouest de l'Asie Mineure en 1299, dans le temps où se formaient des principautés dans toute l'Anatolie. La conquête se fit d'abord sur le territoire européen, Bursa, au sud d'Istanbul, étant alors la capitale. C'est le sultan Bâyezit Yildirim, la foudre, qui étendit le plus l'empire dans cette première période, jusqu'à la Hongrie, la Bosnie, la Grèce méridionale et une partie de l'Anatolie. La bataille d'Ankara, en 1402, qui vit la victoire de Tamerlan sur Bâyezit, fut un coup d'arrêt à l'expansion de l'empire et inaugura une courte période d'anarchie.

'Othmân I	1299-1326	Murât I	1359-1389
Orkhân	1326-1359	Bâyezit I	1389-1402

Apogée de l'empire

La deuxième période est celle de l'apogée de l'empire et du système ottomans. En 1453 Fatih Mehmet prend Constantinople et en fait sa capitale. Le règne de Kanûnî Süleymân est à peu près le moment de la plus grande extension de l'empire, et assure tous les acquis antérieurs.

Mehmet I	1403-1421	Bâyezit II	1481-1512
Murât II	1421-1451	Selîm I	1512-1520
Mehmet II Fâtih	1451-1481	Süleymân I Kanûnî	1520-1566

La troisième période est celle du maintien. L'empire est entre deux adversaires importants l'Empire perse des Safavides et l'Empire autrichien. De grands hommes d'État, les grands vizîrs, se succèdent, notamment Mehmet Sokollu Pâshâ, Sinân Pâshâ, et la famille des Köprülü. Le palais devient le lieu des rivalités politiques ; des groupes intriguent pour leur prétendant au trône, ce qui conduit à des massacres mutuels : les militaires (janissaires et sipahis), les femmes (la Velîde Hanim), ou les clans d'eunuques, noirs ou blancs, enfin les religieux, le corps des Ulema et le Sheyhü'l-Islâm.

Selîm II	1566-1574	Murât IV	1623-1640
Murât III	1574-1595	Ibrâhîm	1640-1648
Mehmet III	1595-1603	Mehmet IV	1648-1687
Ahmet I	1603-1617	Süleymân II	1687-1691
Mustafâ I	1617-1618	Ahmet II	1691-1695
'Othmân II	1618-1622	Mustafâ II	1695-1703
Mustafâ I	1622-1623		

Le déclin

La quatrième période est celle du début du déclin. Un nouvel ennemi qui deviendra l'ennemi héréditaire est apparu, la Russie. L'empire commence à perdre des territoires importants, la Hongrie et la Transylvanie en 1718 (Belgrade est reprise pour un temps en 1739), la Crimée par le traité de Kütchük Kaynardji en 1774 (annexée par la Russie en 1783), la Grèce en 1830, l'Algérie annexée par la France en 1830, l'autonomie accordée à la dynastie d'origine albanaise de Mehmet 'Alî en Egypte. Les gouvernants tentent alors de moderniser l'armée, en particulier avec l'aide d'officiers français devenus ottomans, comme le comte de Bonneval. Les janissaires sont massacrés, le 16 juin1826, sur l'hippodrome d'Istanbul.

Ahmet III	1703-1730	'Abdü'l-Hamît I	1774-1789
Mahmûd I	1730-1754	Selîm III	1789-1807
'Othmân III	1754-1757	Mustafâ IV	1807-1808
Mustafâ III	1757-1774	Mahmûd II	1808-1839

La dernière période est celle des ultimes tentatives pour moderniser l'empire par les réformes, les tanzîmât, et de la perte progressive de territoires jusqu'à la guerre de 1914-1918. En 1914 l'empire est réduit en Europe à la Thrace avec Edirne, et la pénétration des Anglais dans le monde arabe et des Russes en Orient conduira l'empire à s'engager dans la Première Guerre mondiale aux côtés des puissances centrales en espérant pouvoir porter un coup d'arrêt à l'appétit des Etats occidentaux. Le 23 décembre 1876, le sultan 'Abdül-Hamîd II accorde une constitution qui est suspendue en février 1878. Le régime devient autoritaire et panislamique (cf. al-Afghânî). Le 24 juillet 1908 éclate la révolution des jeunes Turcs, qui restaure la constitution et dépose le sultân ; ils tenteront de définir une nationalité ottomane puis, devant les progrès des nationalismes, se tourneront vers le nationalisme turc naissant pour former une force de résistance efficace face à l'expansion européenne.

En 1913, le gouvernement jeune turc devient un triumvirat (Talaat, Jemal, Enver) purement dictatorial. La guerre est une catastrophe pour l'empire qui est pratiquement totalement occupé ; le gouvernement ottoman est obligé de signer le traité de Sèvres le 10 août 1920 qui réduit l'État ottoman à l'Anatolie du centre autour d'Ankara. Mustafa Kemal engage la guerre d'indépendance, fait abolir le sultanat ottoman le 1er novembre 1922, puis le khalifat le 3 mars 1924. Il est élu président de la République le 29 octobre 1923 dans une Turquie naissante avec pour capitale Ankara.

'Abdü'l-Mejîd	839-1861	'Abdü'l-Hamît II	1876-1909
'Abdü'l-'Azîz	1861-1876	Mehmet V	1909-1918
Murât V	1876	Mehmet VI	1918-1922

P-Q

PARADIS

Voir Janna.

PAROUSIE

La parousie est le moment qui précède la Grande Résurrection, où la religion intégrale sera restaurée apportant le règne de la justice et de l'unité de la *Umma.** La parousie est l'avènement du sens caché de la révélation et elle abolit toutes les Lois religieuses. Elle est la venue du *Mahdî**, le Guide, à la fin de ce cycle, qui combat l'infidélité avec ses fidèles et instaure la vraie religion dans une humanité pacifiée. Ce thème est d'origine shî'ite, mais a été repris dans le sunnisme qui identifie le Mahdî avec Jésus.

Dans le shî'isme, la parousie est celle du XIIe Imâm, annoncée par Mohammad. C'est lui, assisté des compagnons de sa gnose, qui combattra pour préparer l'arrivée du Christ, qui par ailleurs est identifié à la figure éternelle de l'Imâm. C'est donc la *walâya** mohammadienne*, accomplie dans le retour du XIIe Imâm qui permet l'instauration de la *walâya universelle*, celle qu'accomplissait l'Imâm 'Alî*. La parousie est inséparable de l'idée de l'occultation de l'Imâm. Celle-ci est le temps que Dieu allonge pour rendre possible l'avènement de l'Imâm du Temps (voir *Sâheb al-Zamân*), comme l'exprime un hadîth du prophète : « S'il ne restait au monde qu'un seul jour à exister, Dieu allongerait ce jour, jusqu'à ce que se manifeste un homme de ma postérité dont le nom sera mon nom, et le surnom mon surnom ; il remplira la terre d'harmonie et de justice, comme elle aura été jusque là remplie de violence et d'oppression. » L'occultation est vécue comme une nécessité afin que se développe la gnose, la croissance spirituelle des fidèles shî'ites qui ainsi préparent l'avènement du XIIe Imâm.

L'annonce prophétique de la parousie de l'Imâm conditionne une attente qui est au cœur de la conviction religieuse du shî'isme. La parousie est le moment de la restauration de l'Homme Parfait, qui aura alors accompli le retour à son Seigneur et se chargera du dépôt divin celui des Vérités spirituelles, les haqâ'iq. C'est pourquoi celles-ci ne peuvent être révélées que lorsque la totalité de la dimension spirituelle de l'humanité est accomplie dans son site, le malakût. L'avènement de l'Homme Parfait est celui de la révélation des Vérités spirituelles dont Adam s'était chargé lors du Covenant, le *mithâq*. Ainsi la parousie est-elle la restitution de l'humanité à sa condition adamique, dans le temps du malakût, la résorption de la prophétie dans l'imâmat.

PÉCHÉ

Le péché est une faute assimilable à un acte de désobéissance à l'égard du commandement divin, une ma'siya. Il s'oppose aux bonnes œuvres, celles qui sont définies obligatoires ou recommandables. Il y a deux types de péché. Les grands, kabâ'ir, et les petits, saghâ'ir. Les grands péchés sont la désobéissance aux prescriptions obligatoires fixées par la *sharî'a**, les petits sont les actes makrûh. Le grand péché est passible d'un châtiment prescrit, les hudûd. Le châtiment est le symbole du tourment de l'enfer qui atteint le pécheur non repenti. Parmi ces grands péchés, leur liste n'est pas définitivement close, figurent l'adultère, le meurtre, la magie noire, les insultes envers le Prophète, la calomnie, la désertion face à l'ennemi et l'usure. Les châtiments prévus ne sont pas toujours clairement définis et ont très tôt été remis en cause, dans le cadre des qanûns par exemple, parce que difficilement applicables. Le péché le plus important est celui d'apostasie sous ses diverses formes, par exemple l'association à Dieu d'un autre que lui. Le pécheur, sauf l'apostat, demeure un membre de la communauté. Le repentir est censé effacer la faute commise mais ne suspend pas l'application du châtiment prévu. Néanmoins le repentir efface la faute tandis que le pécheur non repenti aura un séjour temporaire en enfer comme punition, à moins que ne l'atteigne la miséricorde divine.

PÈLERINAGE

Voir Hajj.

POLYGAMIE

Le Qor'ân autorise une polygamie réduite à quatre épouses sous certaines conditions, tout en affirmant une préférence pour la monogamie. Les épouses doivent être correctement entretenues ainsi que leurs enfants, et traitées de façon absolument égale en toutes circonstances ; l'affection portée aux épouses doit aussi être strictement égale pour toutes. En outre, la première épouse peut inclure dans le contrat de mariage une clause interdisant à son mari le choix d'autres épouses. La répudiation est tolérée mais blâmée, alors que le divorce est reconnu dans le cadre d'une décision juridique par un Qadî*. Les shî'ites imâmites ont conservé la pratique arabe anté-islamique du mariage temporaire, le « mot'e ». Ce mariage de durée limitée, prévue dans le contrat, n'implique pas, contraire-ment au mariage normal, d'obligation alimentaire ni successo-rale, à moins que le contrat n'en fasse mention explicite.

PROPHÉTIE

Nobowwa est le terme arabe qui désigne la mission prophé-tique. Son sens premier est « apporter une nouvelle », l'an-nonce. La prophétie est le lien qui unit Dieu à la créature par une annonce faite dans l'histoire. La conception islamique de la prophétie est essentiellement historique. Elle est la répétition, à travers l'histoire, du pacte prééternel passé entre le Seigneur et sa créature, le *mithâq*.

Puisque la prophétie est historique, elle a un sens ; ce sens c'est l'annonce par Mohammad du jour du jugement, Yawm al-Dîn. Sa prophétie rassemble et accomplit toutes les prophéties anté-rieures, les six ou sept prophéties législatrices. Mohammad est appelé le Sceau (*khâtem*) des prophètes. Après lui le cycle de la prophétie est clos, et la loi qu'il a instaurée par l'ordre de Dieu est valide jusqu'à la résurrection.

Le prophète est appelé en arabe *nabî*, l'annonciateur, le témoin de dieu devant les hommes. L'islâm reconnaît un très grand nombre de prophètes, mais établit une typologie précise des prophètes. La distinction usuelle est de considérer qu'il y a d'une part les simples prophètes, les anbiyâ (sg. nabî), qui reçoivent un message divin qui ne s'adresse pas à un peuple, qui n'institue donc pas une loi particulière révélée dans un livre ; d'autre part il y a les prophètes envoyés, rusul (voir sg. *Rasûl*), qui apportent un texte qui établit une Loi, une sharî'a*.

Les rusul sont au nombre de six, parfois sept : Adam, Noë, Abraham, Moïse, (David), Jésus, Mohammad. On leur attribue un certain nombre de traits distinctifs ; ils ont accompli des miracles qui servaient de signes pour attester de leur qualité d'envoyés et ils sont impeccables (l'idée de l'impeccabilité semble provenir du shî'isme et a été fixée dans les professions de foi du *kalâm** à partir du Xᵉ siècle).

Le cycle de la prophétie dans le shî'isme.

Dans le shî'isme, le cycle de la prophétie est inséparable du cycle de la *walâya** des Imâms. C'est la walâya, dans la mesure où elle est le sens caché, le secret de la prophétie qui oriente celle-ci et ouvre la possibilité d'une parousie. Puisque la walâya est le sens spirituel de la prophétie et représente son accomplissement, elle lui succède. Ainsi, à chaque prophétie succède un ensemble d'Imâms qui en détiennent la réalité spirituelle et la révèlent à leurs disciples, formant ainsi une lignée spirituelle.

Le shî'isme établit une classification particulière des prophètes. Ils sont répartis en quatre sortes de nabî auxquels correspondent une fonction et un mode de révélation particuliers : 1. le nabî qui n'a de révélation que pour lui-même, qui reçoit celle-ci par *ilhâm** ; 2. le nabî qui a une révélation en voyant ou en entendant l'ange lui parler en songe mais n'a pas de message à transmettre aux hommes ; 3. le nabî morsal, envoyé qui est doué de *wahî** (il voit l'ange à l'état de veille), mais qui n'apporte pas de nouvelle loi ; 4. le *rasûl*, qui est doué de wahî et institue une nouvelle Loi, *sharî'a**, c'est le cas des « ulû'l-'azm », les six ou sept prophètes législateurs.

Ce classement conduit à distinguer des types de prophétie. Le premier et le second type de prophètes correspondent à la prophétie ésotérique (nobowwat bâtiniyya) ; le troisième à la prophétie édifiante (nobowwat al-ta'rîf) ; la prophétie complète est la nobowwa al-tashrî', la prophétie législatrice. Les nabîs du premier type sont, après la prophétie intégrale, celle de Mohammad, appelés *Imâms**.

Les types de prophétie sont classés selon leur rapport à la vérité prophétique secrète. La risâlat (prophétie législatrice) contient un sens ésotérique, la nobowwa simple, et celle-ci son ésotérique, la walâya des Imâms. La vérité spirituelle est donc l'ésotérique de l'ésotérique de la risâlat ; à cette triade correspond l'intériorisation du sens de la prophétie. La risâlat, c'est la Loi révélée la *Sharî'a**, la nobowwa, la voie mystique, la *Tarîqa*, enfin le cœur de la mission prophétique est la Vérité spirituelle, *Haqîqa**. Il y a donc préséance de la walâya sur la risâlat, mais pas de l'Imâm sur le rasûl, parce que celui-ci est en même temps rasûl, nabî et walî (Imâm). Les ismaéliens, au contraire des imâmites subordonne totalement le rôle du Prophète à celui de l'Imâm.

Cette conception prend son origine dans l'idée d'une prophétie primordiale, prééternelle, celle qui a eu lieu lors du covenant, le *mithâq*; la *haqîqa mohammadiyya** se révèle à travers les cycles de la prophétie terrestre. C'est la première théophanie, la lumière mohammadienne dont un propos prophétique nous dit : « La première chose que Dieu créa fut ma lumière », ou encore « J'étais avec 'Alî une seule et même lumière quatorze mille ans avant que Dieu eût créé Adam. »

Il y a deux prophéties; la première, absolue la nobowwa motlaqa, et la restreinte, épiphanie terrestre de la première, nobowwa moqayyada. La prophétie restreinte est celle qui révèle peu à peu dans l'histoire la prophétie primordiale; c'est la succession des prophètes qui culmine en Mohammad. La prophétie de Mohammad est l'épiphanie complète de la lumière prééternelle de la Parole.

QADÎ

Ce terme désigne le « juge » investi du pouvoir de juridiction (qadâ'). C'est un délégué nommé soit directement par le khalife, détenteur de tous les pouvoirs, soit indirectement par d'autres délégués du khalife. Il existe un qadî dans la capitale et un dans chaque chef-lieu des circonscriptions territoriales, pouvant désigner des délégués directs. Le juge statue souverainement et seul pour ce qui concerne ses attributions. Néanmoins il existe des conseils de juristes qui ont un rôle consultatif. Le qadî est chargé d'appliquer la loi, *sharî'a**. En outre il était chargé de l'administration des mosquées, des fondations religieuses, waqf. L'organisation chargée du maintien de l'ordre public, la shorta, police, exerçait la répression; la shorta verra progressivement ses compétences étendues à tout le droit pénal, ce qui aura pour conséquence de créer une double administration judiciaire.

Le khalife Harûn al-Rashîd, entre 790 et 798, institua une hiérarchie entre eux en créant le qadî'l-qudât (le juge des juges) situé dans la capitale, chargé de l'administration générale de la justice, nommant, contrôlant, ou révoquant les qadî ; un certain nombre de juridictions dépendant du khalife ou du ministre lui échappent. Dans l'Empire ottoman les qadî, formés dans les écoles dépendant des waqfs verront leurs attributions s'étendre. En plus des compétences judiciaires, ils seront chargés de faire un rapport sur l'activité des hauts fonctionnaires, sur les situations et les dispositions des populations. Ils devront veiller à l'intendance pour les campagnes militaires, contrôler les affaires publiques de la ville, l'entretien des immeubles, la qualité des produits et leur prix de vente. De même, leurs compétences notariales seront élargies.

QADIR KHOMM

Le lieu, près de la Mekke, où le Prophète désigna 'Alî ibn Abî Tâlib, son gendre et le premier Imâm shî'ite, pour lui succéder à la tête de la communauté, le 18 dhû'l-hijja de l'an II h. (632). Le Prophète avait pris la main de 'Alî dans la sienne et, s'adressant à la foule lui avait demandé s'il n'était pas l'autorité suprême. A l'approbation de la foule, il a alors prononcé ce hadîth (admis par les shî'ites et les sunnites): « De quiconque je suis le protecteur, 'Alî est également son protecteur. O Dieu! sois ami avec celui qui est son ami et ennemi de celui qui est son ennemi. » Pour les shî'ites cet épisode et ce hadîth ne font que confirmer d'autres traditions de même contenu, instituant à la fois l'imâmat de 'Alî et son choix comme khalife par le prophète. Le choix d'autres khalifes par une partie de la communauté à la mort du Prophète marque la naissance du shî'isme. Le 18 dhûl-hijja est l'occasion d'une fête commémorative de la désignation de 'Alî, par les shî'ites, spécialement en Irân.

QALB

Le cœur occupe une place importante dans le vocabulaire soufi où il est conçu comme la source des aspirations humaines et le lieu du savoir d'origine divine et des visions intérieures. Le cœur est continuellement cité dans le Qor'ân où il est perçu comme le centre de la connaissance de Dieu et comme organe visionnaire. Un certain nombre de versets qorâniques visent le cœur comme organe même de la connaissance ; il est le centre de la méditation du Qor'ân, de la foi que Dieu y grave, du ta'wîl*. Le cœur peut être resserré (qabdh) ou, au contraire, étendu (bast) et apaisé par le dévoilement des mystères divins (voir Hijâb). Le soufisme élabore toute une science du cœur conçu comme l'organe mystique du ta'wîl. Le cœur s'oppose à la raison, 'aql, parce qu'il est le seul à pouvoir établir la vision intuitive et testimoniale de Dieu, shohûd. Le cœur est l'organe de la prière qui rend présent le Seigneur au mystique. Il est l'organe créateur de ses visions imaginales par sa *himma*, son énergie imaginative. En projetant l'image de Dieu par sa puissance créatrice, il *Le* rend présent dans son cœur. En fait c'est Dieu lui-même qui crée dans le cœur du mystique l'épiphanie du *Nom* qu'il est. Ce que découvre le spirituel dans sa vision c'est sa propre face ; celle-ci est la face que Dieu donne à voir, selon la capacité imaginative du croyant. Celui-ci ne voit pas autre chose que lui-même, mais il est la face que Dieu a révélé en lui par la himma. Le cœur est donc l'organe créateur par lequel Dieu se manifeste comme présence s'attestant elle-même dans la face de son serviteur devenue son propre miroir. La science du cœur est la prière qui manifeste au serviteur son être, le rend présent au cœur comme vision de la face divine.

QIBLA

La qibla est ce vers quoi s'oriente la prière ; la qibla est indiquée dans la mosquée par le *mirhâb*, niche légèrement creusée dans le mur, orientée vers la Mekke. La qibla est le point extérieur, la *Ka'aba**, symbolisé par le mirâb dans la mosquée, mais aussi par l'orientation de celui qui prie. C'est la qibla qui, donnant un sens à la pureté du lieu, en fait le lieu du culte rendu à Dieu. A l'origine la qibla était Jérusalem ; c'est au cours de la deuxième année suivant l'hégire* que la Mekke a été choisie pour être la qibla de la communauté musulmane. C'est donc le temple de Seth reconstruit par Abraham, la Ka'aba*, qui sert de référence à la communauté. Selon un hadîth à la fin des temps Jérusalem sera restaurée dans son rôle de qibla pour les croyants.

Ce qui donne un sens à la prière, c'est son orientation. A la qibla apparente, instituée par la sharî'a, les soufis ajouteront ou substitueront une qibla spirituelle qui en est la réalité ésotérique. Le soufisme et la gnose shî'ite insisteront sur le caractère universel de l'islâm, sceau de la prophétie, et insisteront donc sur son sens ésotérique. Un soufi comme Rûzbehân Shîrâzî par exemple interprétera la qibla comme la théophanie dans la beauté des visages humains.

QIRÂ'ÂT

Les lectures du Qor'ân telles qu'elles sont établies dans le cadre de la science des lectures. En arabe qirâ'a signifie la psalmodie d'un texte, lu ou simplement appris par cœur. Ainsi le commandement qorânique « *iqra'!* » qui s'adresse au Prophète signifie en fait « récite ! ». Déjà du vivant du Prophète, la piété a conduit des lecteurs du Qor'ân (qurrâ') à reproduire la psalmodie du Livre entendue de la bouche même du Prophète. Parmi ces compagnons du Prophète lecteurs du Qor'ân qui servirent de base à l'élaboration des différentes versions de la psalmodie, figurent ibn 'Abbâs, Anâs ibn Mâlik, mais aussi 'Alî, Ubaiy, ibn Mas'ûd.

C'est pendant les IIe et IIIe siècles de l'hégire que se sont constituées les écoles de lectures en liaison avec les deux grandes « écoles » de grammaire, celle de Basra et celle de Kûfa. Vers la moitié du IIe siècle le principe de la pluralité des lectures fut admis, mais sur la base du texte canonique établi par 'Othmân. Les lectures diffèrent dans la vocalisation du texte et la place des points diacritiques parfois, ce qui explique les différences entre les éditions du Qor'ân suivant leur origine géographique. Trois listes de lectures canoniques, référées à un lecteur-compagnon du Prophète, comprenant respectivement sept, dix, et quatorze lectures. L'une de celles-ci était d'origine imâmite et fut écartée. La seule liste admise à part entière fut celle qui comporte sept lectures. C'est la cinquième de ces lectures, celle de 'Asîm ibn Abî l-Najûd, transmise par Hafs (et désignée par ce nom) qui s'est le plus répandue dans le monde arabe.

QOMM

La ville de Qomm, située à 150 kilomètres au sud de Teherân en Irân est le plus grand centre théologique shî'ite du monde. C'est aussi le deuxième lieu de pèlerinage d'Irân, après Mashhad*. La sœur de l'Imâm Rezâ, Hazret-e Fâteme Ma'sûme, y est enterrée. Son mausolée est surmonté d'un dôme doré. C'est l'ayatollâh Hâ'erî Yazdî, mort en 1936, qui a fait de Qomm un centre d'études shî'ite international. Qomm était réputée pour ses écoles depuis le XIIIe siècle. L'institution fondée par Hâ'erî Yazdî se nomme howze-ye 'elmiye. Elle rassemble des étudiants venus de l'ensemble du monde musulman ; ils logent sur place et disposent d'une bourse réduite pour la durée de leurs études. C'est de Qomm que fut lancé le mouvement qui conduira à la révolution islamique. A la suite de la publication, en janvier 1978, dans le journal gouvernemental *Ettelâ'ât* d'un article calomniant l'imâm Khomeynî, les étudiants de la howze manifestèrent. La police tua beaucoup de manifestants. Quarante jours après, délai légal du deuil, les manifestations commémoratives enclencheront le processus révolutionnaire en Irân, en particulier avec les événements de Tabrîz.

QOR'ÂN

Le mot Qor'ân vient du syriaque, langue dans laquelle il signifie *lecture*. En arabe il se rattache à la racine *qr'*, réciter à voix haute, prêcher. Qor'ân peut donc être traduit par les termes *récitation* ou *prédication*. Cette appellation fait référence au mode de réception du Qor'ân par le Prophète ; il fut reçu par l'ouïe ou par une épiphanie au cœur du prophète.

Le texte qorânique dont nous disposons aujourd'hui est le texte officiel tel qu'il a été fixé par le khalife 'Othmân. Du vivant de Mohammad, certaines personnes conservèrent par écrit des parties du texte. Néanmoins le Qor'ân n'était pas conservé par écrit mais par oral. A cause des problèmes liés à la légitimité des diverses recensions des « porteurs du Qor'ân », ceux qui le connaissaient par cœur, il fallut très vite établir un texte écrit. C'est Abû Bakr qui fit écrire cette recension sur le conseil de 'Omar ibn Khattâb ; on la désigne usuellement sous le nom de recension d'Abû Bakr, ou de Hafsa, la fille de 'Omar qui la conserva. Il existait d'autres recensions, notamment celle de 'Alî*, le premier Imâm. C'est le khalife 'Othmân qui fit établir le texte définitif du Qor'ân par une commission de quatre scribes. Ce texte devint le texte officiel et le khalife fit détruire les autres. Les shî'ites contestent la recension de 'Othmân mais l'utilisent.

Le Qor'ân compte 114 sourates (chapitres), et 6226 versets, âya (littéralement signe de feu envoyé par Dieu comme preuve). La sourate 96 est considérée traditionnellement comme la première révélée. Le classement adopté ne correspond pas à l'ordre chronologique ; elles sont disposées par ordre de longueur décroissante, sauf la première, la fâtiha, l'ouvrante. Chaque sourate, sauf une, est précédée de la formule traditionnelle « au nom de Dieu, le Clément, le Miséricordieux ». Dix-neuf sourates sont précédées de lettres mystérieuses.

On a coutume de distinguer deux grandes périodes de la révélation ; celle de la Mekke, puis celle de Médine, plutôt consacrée à l'élaboration de l'organisation de la communauté. Les sourates ont été révélées par fragments à Mohammad et regroupent des thèmes parfois très différents. La tradition distingue en général quatre grands groupes de thèmes : la *'aqîda**, les données premières de la foi ; les *'ibâdât**, les injonctions concernant les pratiques du culte ; les *akhlâq*, la morale des actes humains ; les *mu'âmalât*, le domaine des pratiques sociales.

Le Qor'ân représente pour les musulmans l'essentiel de la révélation de Mohammad ; il en constitue le centre. Il est l'objet d'une grande révérence, et ne devrait être manipulé qu'après la purification rituelle. Tout musulman se doit de lire régulièrement le Qor'ân, de le méditer, et d'en connaître par cœur, sinon la totalité, du moins une partie qui lui servira d'inspiration dans sa vie quotidienne et sera récitée dans la prière ; celui qui le connaît par cœur, le *hâfez*, jouit d'un prestige important. Il est à la fois le guide de la communauté, en tant que Loi, et le guide de l'individu sur les plans moral et spirituel. Depuis la disparition de l'école mo'tazilite il est admis par l'ensemble des musulmans que le Qor'ân créé se réfère à un Qor'ân intégral, un Qor'ân céleste, identifié à l'attribut divin de la Parole. La Parole de Dieu s'est ainsi révélée dans l'histoire terrestre à travers plusieurs textes successifs dont le Qor'ân est la récapitulation et l'achèvement.

QORBÂN

La grande fête, le *'ayd al-kabîr*, qui commémore le sacrifice d'Ismâ'îl par son père Abraham (voir *Ibrâhîm*). Selon la tradition Abraham a reçu l'ordre de Dieu de sacrifier son fils 'Ismâ'îl avec lequel il a reconstruit la Ka'aba de Seth. Au moment où il allait l'égorger, Dieu lui a substitué un mouton. Le 'ayd al-kabîr ou 'eyd-e qorbân est la répétition de ce geste. Elle est célébrée pendant le mois du pèlerinage, le 10 dhû'l-hijja dans tout le monde musulman. A cette occasion on a coutume d'égorger un mouton dans chaque famille. Le mouton doit normalement être partagé avec les pauvres qui n'ont pas les moyens de procéder au sacrifice.

QOTB

Qotb désigne le pôle mystique caché qui intercède auprès de Dieu. C'est un saint qui demeure dans l'occultation au sommet d'une hiérarchie spirituelle, mais est pourtant présent au monde par ses représentants. Cette idée s'est répandue assez tôt en islâm, y compris dans le sunnisme*, en particulier le *hanba-lisme**, qui le nomme mostakhlif. On le désigne aussi parfois du terme de ghawth. Il préside une hiérarchie de saints cachés qui intercèdent auprès de Dieu par la prière pour le salut des hommes. L'idée d'un qotb, intercesseur universel, semble être d'origine shî'ite. Elle s'est particulièrement développé dans les shî'ismes imâmite et ismaéliens, ainsi que dans le soufisme. L'idée du qotb suppose un certain nombre de thèses qui ont été répandues dans les milieux shî'ites. Il faut d'abord qu'il y ait une *ghayba**, une occultation du pôle et de ses saints. Il faut ensuite admettre l'idée d'une *walâya**, d'une continuité de l'enseignement ésotérique qui prend sa source dans le message qoranique, qui en exprime sa vérité, et succède à la prophétie jusqu'à la parousie.

Pour les shî'ites, seul l'Imâm peut être le pôle puisqu'il est le détenteur de la vérité spirituelle de la révélation prophétique. L'Imâm est l'ésotérique de la *haqîqa mohammadiyya**, sur le plan du monde divin, et de la prophétie de Mohammad qui accomplit toutes les autres, sur le plan terrestre. Or ce sens ne peut être révélé dans son intégralité que lors de la parousie, et celle-ci ne peut être que celle de l'Imâm détenteur des secrets, le XIIᵉ Imâm, entré en occultation à l'âge de cinq ans, qui est le sceau de la walâya de Mohammad, le maître du temps, *Sâheb al-Zamân**. Ce pôle est donc le pôle des pôles, celui sans la présence secrète duquel le monde cesserait d'exister. Il est l'homme parfait dont les spirituels tentent de réaliser la perfection en s'exhaussant à son secret. Il assure le maintien du sens théophanique de la création. Le shî'isme rejette donc le soufisme, car il se considère lui-même comme le soufisme authentique, celui qui prend son origine dans la polarité de l'Imâm.

R

RABB

Dans le Qor'ân, la dénomination usuelle de Dieu, le Maître face à son serviteur, le croyant. Le substantif abstrait dérivé de Rabb, est robûbiyya, suzeraineté ; il n'existe pas dans le Qor'ân et a été créé dans la littérature mystique, avec son complément le statut du serviteur, 'obûdiyya.

Dans la spiritualité islamique, Rabb désigne le Seigneur dans son rapport avec son fidèle, le *marbûb*. Il est l'attribut selon lequel il est présent à son fidèle, chaque fois individualisé selon la forme de cette fidélité, la *'obûdiyya*. Il importe donc de distinguer la suzeraineté divine en tant qu'attribut divin, et le rabb, qui se présente chaque fois pour le mystique comme un rabb personnel, dans la figure de l'aimée, par exemple. Cette suzeraineté divine s'établit pour le mystique comme la face de Dieu, dont il est dit « Tout périt sauf sa Face ».

La robûbiyya est aussi opposée à la *olûhiyya* (terme abstrait dérivé de Allâh), la divinité. Celle-ci regroupe l'ensemble des attributs divins qualifiant l'essence divine, alors que la robû-biyya désigne toujours ce rapport individuel avec Dieu, qui apparaît comme seigneur personnel, rabb al-khâss ; celui-ci est le nom divin (l'attribut manifesté dans une forme), dont le fidèle est le lieu d'épiphanie, et dont il a à reconnaître la suzeraineté et sa propre condition de vassalité, obûdiyya. Découvrir ce statut de vassalité c'est comprendre que le fidèle est lui-même le nom divin manifesté, passif ; saisir la bi-unité qui le constitue à la fois *rabb* et *marbûb, haqq** et *khalq*, Dieu et créature. Le secret de la suzeraineté divine est donc la relation d'amour du Seigneur et de son fidèle qui éclot comme théophanie. Seul peut être connu de Dieu sa réalité seigneuriale, l'essence divine demeurant, elle, inacessible.

Sans le fidèle, qui en est le support, la suzeraineté disparaîtrait ; car elle dépend de la relation qui s'institue entre Dieu et le fidèle qui l'atteste. Son attestation est la création de son seigneur personnel, c'est-à-dire la forme imaginale que projette sa foi, pour son adoration, dans la prière (voir *Himma*). Finalement, le fidèle éteint en lui dans cette adoration tout ce qui n'est pas le nom épiphanisé en lui, c'est le *fanâ* ; et il émerge dans la surexistence, *baqâ'**, de son Seigneur qui s'atteste lui-même. Il est ainsi le Seigneur se voyant lui-même, ou encore il est lui-même l'œil par lequel le Seigneur se voit dans les attributs de beauté et de majesté.

Voir Jamâl-Jalâl.

RAHMÂN-RAHÎM

Le Tout-Miséricordieux, le Très-Miséricordieux ; dans l'expression Bismi'llâh, (voir *Basmala*). Les deux noms de Dieu qui interviennent dans la basmala prennent une signification particulière dans la spiritualité. La basmala révèle le secret divin. Ainsi al-Rahmân (le seul des deux employé comme nom à part entière dans le Qor'ân) est l'épiphanie du secret divin et est interprété par rapport à *Allâh* qui désigne l'unité divine, comme l'intelligence universelle, la figure de l'Imâm en tant qu'il est créé comme lumière dans la prééternité ; al-Rahîm représente une théophanie au plan d'être immédiatement inférieur, l'âme du monde, ou encore l'Eve spirituelle. Les deux sont des épiphanies de la Miséricorde divine qui aspire à s'exercer. L'Adam spirituel est l'épiphanie du nom al-Rahmân, car il est investi du secret de Dieu, son souffle de compatissance (al-nafas al-rahmânî), sa puissance créatrice. Les deux noms correspondent à deux manifestations différentes de la compassion divine, la *Rahma*. La première est le don de l'être à la créature qui l'établit comme la forme du nom de son être, c'est la rahmat al-imtinân ; la seconde est l'octroi à cet être de la grâce divine, la perfection spirituelle, c'est la rahmat al-wojûb. Le souffle de compassion est ce qui donne existence aux noms en les épiphanisant dans les êtres qui sont agis par ces noms, leurs seigneurs, et découvrent dans l'amour qu'ils sont ces noms eux-mêmes. Le secret du souffle de compassion, c'est la mutuelle appartenance du créateur et de la créature, du Seigneur et de celui qui l'atteste.

RAMADHÂN

Le jeûne, sawm, qui s'étend tout le mois de ramadân est une des obligations canoniques de l'islâm. Il est fixé par le Qor'ân et par le hadîth*. Le calendrier musulman est lunaire, c'est pourquoi le mois de ramadhân est régulièrement décalé de quelques jours chaque année. Le jeûne est prescrit chaque jour de l'aube, lorsque l'on peut distinguer « le fil blanc du fil noir » et s'interrompt lorsque le soleil disparaît derrière l'horizon. Comme pour toutes les pratiques cultuelles en Islâm, il est nécessaire de formuler l'intention avant de l'accomplir ; il doit être guidé par la bonne intention du cœur, la *niyya*.*

Le jeûne, selon la tradition, consiste à s'abstenir de toute entrée dans le corps d'une substance étrangère et de toute relation sexuelle. Tous les adultes, ceux qui ont atteint la puberté, sont tenus de l'accomplir. En sont exceptés les malades, les voyageurs, ceux qui font un travail pénible, les femmes pendant les menstrues. Néanmoins ils sont tenus de le rattraper à un autre moment de l'année. Le jeûne de ramadhân a une double portée. Il est un acte social ; la communauté prend conscience d'elle-même, de son unité et de sa mission, et à cet égard il appartient à l'État de faire respecter le jeûne en public par l'ensemble des citoyens. D'autre part il a une portée ascétique, dévotionnelle. Le mois de ramadân est un mois consacré à Dieu. C'est un mois d'activité ralentie et de recueillement. Il existe d'autres jeûnes individuels, pour faire un vœu par exemple. Dans le soufisme le jeûne est souvent utilisé, comme les longues stations de prière la nuit.

RASÛL

Terme qorânique employé pour désigner un type particulier de prophète, nabî. Le rasûl est le prophète envoyé pour établir une Loi en apportant un livre qui émane de la Parole incréée de Dieu. Il y a six ou sept prophètes législateurs reconnus, le dernier est Mohammad qui établit la dernière Loi avant la fin des temps qu'il annonce. Entre chaque prophète s'institue une période transitoire où l'oubli du pacte prééternel conclu avec Dieu, la *jâhiliyya**, s'installe. C'est pourquoi des prophètes de moindre importance interviennent dans le monde pour rappeler le sens de la prophétie et répéter les termes du pacte qui lie la créature, khalq, à son Seigneur, *al-Haqq**. Mohammad est le Sceau des prophètes, il conclut le cycle complet de la prophétie par l'épiphanie parfaite du Livre Céleste, le Qor'ân incréé, qui abolit les textes antérieurs.

RÉPUBLIQUE ISLAMIQUE

Voir Welâyat-e Faqîh.

RÉSURRECTION

Le jour de la résurrection, Yawm al-Qiyâma, est l'un des éléments les plus importants de la prédication de Mohammad. Il est le dernier prophète avant la résurrection. Celle-ci succède à la parousie de Jésus ou de l'Imâm et prélude le Jugement des âmes, Yawm al-Dîn. Le Qor'ân multiplie les références à la résurrection. Celle-ci est annoncée par le grand cataclysme que décrit de façon saisissante, le Qor'ân. Durant le séisme, « toute chose périt, sauf sa Face » (celle de Dieu). « La Terre sera secouée de son séisme », dit le Qor'ân (99, le Séisme), le ciel se fendra, les planètes seront dispersées, les montagnes volatilisées « comme des flocons de laine cardée », le soleil se lèvera à l'Occident, « la lune sera éclipsée » et réunie au soleil, et retentira « la trompe » ; Dieu rassemblera les ossements des morts (75 : 3-4) pour les ressusciter. Le cataclysme annoncé dans le Qor'ân contient déjà le Jugement, il l'annonce et c'est ainsi que ses témoins le vivent, ils ne savent où se cacher et déjà la géhenne se présente ainsi que le paradis. Les actions des hommes se présentent elles-mêmes de façon évidentes et rétribuées.

On a coutume de distinguer la résurrection mineure, qiyâma soghrâ, de la résurrection majeure, qiyâma kobrâ, ou qiyâmat al-qiyâmât. La petite résurrection est celle qui a lieu au tombeau où se situe le premier interrogatoire des âmes justes et injustes, par deux couples d'anges. Dans la spiritualité musulmane, c'est l'idée d'une renaissance spirituelle qui a été identifiée dans la notion de *qiyâma*, c'est pourquoi l'Imâm est désigné comme le Qâ'im, le Résurrecteur. La Qiyâmat al-Qiyâmat est l'achèvement de l'ensemble des achèvements partiels que représentait chaque cycle prophétique. C'est elle qui accomplit définitivement les virtualités spirituelles des êtres en les confiant à leur dimension infernale ou édénique. La grande résurrection est le moment où s'accomplit la révélation à l'âme de sa réalité, et ceci est accomplie par l'Imâm lui-même, ce pourquoi il est le Résurrecteur. Dans l'ismaélisme, la qiyâmat al-qiyâmât est l'achèvement des cycles successifs qui exhaussent progressivement l'Adam céleste à son rang, en passant par les sept plans de son retard. Elle a lieu le septième jour, lors du règne de la septième prophétie, celle de Mohammad, car c'est elle qui contient le retour final de l'Adam au troisième rang du plérome. Elle peut aussi être le moment d'épiphanie qui succède à un cycle d'occultation, satr.

RIBA

L'usure, le prêt à intérêt. Elle est strictement condamnée par le Qor'ân : « Ceux qui se nourrissent de l'usure ne se dresseront (au Jugement dernier) que comme se dressera celui que le démon aura roué de son toucher. » Elle est opposée à la *zakât**, l'aumône légale, et produit dans la vie future l'accumulation de tourments dans le rapport inverse de l'accroissement des biens par la zakât.

Le problème touche en fait tout bien qui n'est pas produit par un travail personnel. Très tôt on s'est demandé si le commerce était touché par cette interdiction ; en fait le Prophète lui-même était un bon commerçant et le commerce est considéré dans l'islâm comme une excellente activité, à condition toutefois que ses bénéfices n'outrepassent pas ce qui est éthiquement admissible, que les prix et les salaires soient équilibrés selon les tendances de justice de l'Islâm. Dans l'histoire, même si le principe fut maintenu, on eut souvent recours à des artifices juridiques pour donner une apparence commerciale aux pratiques usuraires.

RÛH

Terme qui revient souvent dans le Qor'ân et toujours au singulier. Le rûh est d'abord le souffle de vie, ce qui confère l'existence matérielle à une âme ; il est aussi le don qu'accorde Dieu à ses prophètes, la connaissance que leur adresse Dieu par l'intermédiaire des anges, c'est pourquoi le rûh en vient à désigner cette illumination accordée par Dieu, et son médiateur l'ange, nécessaire à toute communication divine. Jésus est même appelé un rûh émané d'Allâh. Le pluriel arwâh qui désigne les anges ne se trouvera que dans la tradition postérieure. Dans le soufisme des débuts, on considérait que le rûh est matériel. Sous l'impulsion de la pensée imâmite, le rûh est devenu le but de l'âme, ce à quoi elle doit se convertir pour se pacifier. L'ambiguïté du terme désignant l'esprit humain, vital et l'ange de la révélation a conduit la spiritualité islamique à considérer le rûh comme la théophanie primordiale.

A partir de hadîths prophétiques tels que : « La première chose que Dieu créa fut ma Lumière », on a posé l'identité entre le rûh et la lumière prophétique primordiale, appelé aussi « calame », le roseau avec lequel on écrit. Le rûh a donc été identifié à l'intelligence agente, al-'aql al-fa''âl, de la philosophie, et avec l'esprit saint, *rûh al-qods**, l'ange Gabriel. C'est donc l'ange intelligence qui épiphanise les connaissances spirituelles au cœur des prophètes. Ce rûh s'épiphanise à tous les plans d'être ; et s'il est intégral dans le plérôme en tant qu'Esprit-Saint, il a cinq modalités. Ces niveaux de présence de la révélation correspondent à des organes subtils de perception, les *latâ'if*. Les prophètes, envoyés et Imâms les possèdent tous les cinq, les croyants qui ont suivi la voie des Imâms en possèdent quatre, et les autres trois.

RÛH AL-QODS

Littéralement l'Esprit-Saint ; dans le Qor'ân c'est l'ange de la révélation, Gabriel, qui intervient comme médiateur entre Dieu et sa créature. C'est lui qui insuffle les paroles qorâniques au cœur de Mohammad et la science des noms à Adam. Dans le shî'isme il est celui qui est envoyé auprès du Prophète, qui le voit (*wahî**) en état de veille, et de l'Imâm, qui ne le voit qu'en songe, et dont il est un privilège ; l'Imâm peut ensuite s'ouvrir de cette révélation à ceux qu'il choisit pour maintenir la chaîne de la gnose. Il est en fait identifié à la *haqîqa mohammadiyya**, la réalité prophétique primordiale, Pure Lumière première émanée de Dieu, épiphanie de l'ensemble des noms divins ; il est la révélation même de Dieu, dont le prophète a la vision « J'ai vu Dieu sous la plus belle des formes ». Et cette réalité divine qui est pure théophanie est celle de son propre être, assimilé à la haqîqa mohammadiyya.*
Le suzerain, *rabb**, apparaissant dans le cœur du croyant n'est autre que son ange ; l'ange Gabriel pour le Prophète, la première théophanie, l'esprit mohammadien dont son cœur est le sîte, le trône. L'Esprit-Saint sera donc identifié avec la révélation au cœur du Prophète, et donc avec l'Intelligence agente des philosophes hellénistiques, ce qui est le point de départ de la gnose en islâm.

S

SÂHEB AL-ZAMÂN

Le Maître du Temps est le nom donné au dernier Imâm, le XIIe Imâm al-Qâ'im, al-Mahdî, qui est présentement en occultation et qui doit revenir à la fin des temps pour établir la pure religion spirituelle. L'Imâm caché, Mohammad al-Mahdî, est le fils de l'Imâm Hasan al-'Askarî, mort en 874. Sa mère serait une princesse byzantine Narges, descendant de Simon-Pierre. Mohammad al-Mahdî est né le 30 août 869 (255h.), et a disparu à l'âge de cinq ans, le 24 juillet 874 (260h.). Deux périodes d'occultation se succèdent, la petite jusqu'en 941, et la grande qui dure jusqu'au terme, sa parousie.

On a coutume d'appeler l'Imâm caché, Imâm ghâ'eb, à l'aide d'un certain nombre d'expressions telles que Imâm Montazar, l'imâm attendu, Qâ'im al-Qiyâma, le résurrecteur, al-Mahdî, le Messie, ou encore Sâheb al-Zamân. Cette dernière expression fait référence à l'occultation de l'Imâm à propos de laquelle le Prophète dit: « S'il ne restait au monde qu'un seul jour à exister, Dieu allongerait ce jour jusqu'à ce que se manifeste un homme de ma postérité dont le nom sera mon nom, et le surnom mon surnom ; il remplira la terre d'harmonie et de justice, comme elle aura été remplie jusque-là de violence et d'oppression. » Il domine le temps parce qu'il est celui dont l'occultation voulue par Dieu est allongée pour permettre son avènement. Cette durée en extension est la limite marquée entre la foi qui s'approfondit et l'oppression croissante. Pendant son occultation l'Imâm est présent dans le monde imaginal et est le pôle de la lignée spirituelle qui maintient ouverte au monde sa dimension spirituelle, qui est la garantie et l'espoir de la parousie. Cette temporalité suspendue dans l'attente de la parousie est la préparation de l'avènement de l'Homme Parfait, l'Imâm caché qui doit abolir la loi et est identifié au paraclet de l'Évangile de saint Jean.

SALÂM

Terme de la même racine qu'islâm ; il signifie la « paix », mais aussi la salvation. Il fait partie des noms de Dieu. Il constitue la formule traditionnelle de salutation dans le monde musulman dans l'expression « as-Salâmu 'aley-kum », « la paix (ou le salut) soit sur vous ». Le vous n'est pas une forme de politesse, le vouvoiement n'existant pas en arabe. Il est, selon la tradition, censé s'adresser à la personne saluée et aux deux anges qui l'accompagnent. En entrant dans une maison il est d'usage de saluer de cette formule tous ceux qui pourraient s'y trouver, y compris les jinns par exemple. Lorsque les élus entreront au paradis, il est dit que Dieu les accueillera par ce salut. Comme pour les autres formules rituelles utilisées quotidiennement, ce salut est un rappel de l'orientation de la communauté et une ouverture sur l'autre monde.

SAMÂ'

Le samâ' est l'audition musicale, en arabe, parfois son exé-cution. Il peut désigner aussi une pièce musicale. Le semai, par exemple, est, dans la musique classique turque, une forme spécifique de compositions musicales. C'est dans le soufisme qu'on emploie le plus ce terme, avec un sens particulier.

Le samâ' est le concert spirituel qui conduit à l'extase, wajd. Il est pratiqué par un très grand nombre de congrégations soufies. Il est composé de la récitation du Qor'ân, du dhikr*, de litanies et de poèmes chantés avec ou sans accompagnement musical ; il peut aussi s'accompagner de danses qui conduisent à la transe, ou contrôlées. Chez les mevlevi le samâ' est particulièrement élaboré ; il s'appuie sur des compositions musicales classiques, depuis le XIII-XIVe siècle, appelées ayîn, et sur des hymnes religieux anciens et anonymes. L'audition du ayîn donne lieu à une danse circulaire qui doit conduire à une extase contrôlée, sans débordement.

L'expérience spirituelle du samâ' prend sa source dans l'audi-tion du covenant. Le premier samâ' est ainsi la question du Seigneur : « a-lastu bi-rabbikum », « ne suis-Je donc pas votre Seigneur ? » à laquelle répond l'attestation de son serviteur qui expérimente l'ivresse d'être le miroir des théophanies. Il faut distinguer entre deux types de samâ' ; celui qui donne lieu à une audition purement sensuelle et qui peut conduire à tous les débordements ; celui qui est écouté dans son symbolisme, dans sa dimension spirituelle. Il s'agit dans le vrai samâ' de se mettre à l'écoute de la théophanie, du concert du *malakût*.* Le samâ' est un moyen par lequel on se met en position d'entendre la voix divine en ses attributs de beauté et de majesté. L'écoute peut devenir constante, l'audition demeurant dans la grâce de la parole divine ; le samâ' devient alors inutile et même nuisible car il fait redescendre à un plan qui est dépassé.

SELJUKIDES

Nom d'une famille princière turque originaire d'Asie centrale, qui a dominé le Proche-Orient du XIᵉ au XIIIᵉ siècle. L'ancêtre des dynasties seljukides est Seljuq b. Duqâq surnommé Tîmûryalïgh, l'arc de fer, de la tribu turque des Ghuz, installée en Asie centrale. A la suite d'un différend avec le souverain turc, selon la légende, il serait allé s'établir en Transoxiane où il a vraisemblablement adopté l'islâm, et aurait commencé à construire la puissance des Seljukides en apportant son soutien à la dynastie iranienne des Sâmânides. Ses fils se signalèrent par leurs incursions jusqu'en Irâq, mais c'est son petit-fils, Tughrulbeg (mort en 1063) appartenant à la branche restée en Transoxiane, qui fonda l'Empire des « grands Seljukides », en août 1038 (429h.) avec la prise de Nayshâpûr.

On distingue usuellement cinq dynasties seljukides à partir de cette période. Les plus importantes sont celles des grands Seljukides de 1038 à 1157, et celle de Rûm, l'Asie Mineure, de 1077 à 1302. Les trois autres sont celles du Irâq de 1118 à 1194, de Kermân, 1041-1186, et de Syrie, 1078-1117.

Les « grands Seljukides » sont Tughrulbeg (1038-63), Alp Arslân (1063-72), Malik-Shâh (1072-92), Mahmûd & Barkiyârûq (1092-1104), Malik-Shâh II & Mohammad (1104-17) et Sandjar (1117-57). Tughrulbeg étendit rapidement son empire et en décembre 1055 (447h.), son nom était prononcé dans la khotba, le prêche du vendredi, à Baghdâd ; deux ans plus tard le khalife 'abbâsside le proclamait roi de l'Orient et de l'Occident. Les conquêtes continuèrent, et s'étendirent jusqu'en Irâq sous ses successeurs, mais à partir de la mort de Malikshâh en 1092, elles furent arrêtées. La mort de Sanjar, qui ne laissait pas d'héritier, fut la fin de la dynastie des grands Seljukides. Ce sont les grands Seljukides partisans acharnés du sunnisme qui ont rétabli le khalifat 'abbâsside menacé par les ismaéliens de la dynastie

fatimide. Ils durent faire face à l'activisme des nizârîs de la
commanderie d'Alamût, contre lesquels ils menèrent une répression impitoyable, sauvant pratiquement le sunnisme face
aux mouvements shî'ites, en particulier grâce à d'énergiques
grands vizirs tels que Nizâm ol-molk.

Les Seljukides d'Asie Mineure

La deuxième dynastie seljukide importante fut celle d'Asie
Mineure. Elle fut fondée par Süleymân b. Qutulmish b. Arslân
b. Seljuq (mort en 1086) qui émigra en Asie Mineure après la
défaite byzantine de Malâzkert en 1071, et devint prince de
Nicée en 1077. Il étendit son État et le laissa à son fils Qïlïj
Arslân. Les souverains seljukides du Rûm sont : Qïlïdj Arslân
(1086-1107), Malik-Shâh & Mas'ûd (1107-55), Qïlïdj Arslân II
(1157-92), Rukn al-dîn Süleymân II (1192-1204), Qïlïj Arslân
III & Ghiyâth al-dîn Kaykhosraw Ier (1204-10), 'Izz al-dîn
Kaykâ'ûs Ier (1210-19), 'Alâ' al-dîn Kayqobâd (1219-37), 'Izz
al-dîn Kaykhosraw II (1237-45), 'Izz al-dîn Kaykâ'ûs II (1245-
56), Rukn al-dîn Qïlïdj Arslân IV (1256-66), Ghiyâth al-dîn
Kaykhosraw III (1266-84), Ghiyâth al-dîn Mas'ûd II & 'Alâ'
al-dîn Kayqobâd III (1284-1302). Au début, l'État seljukide
était réduit à l'Anatolie intérieure, mais s'étendit peu à peu.
Mas'ûd fit de la ville de Konya, où se réfugierait la famille de
Mevlânâ* fuyant les Mongols, sa capitale. À partir du début du
XIIIe siècle, l'État seljukide jouit d'une très grande stabilité et
prospérité en devenant une destination commerciale privilégiée
pour les Italiens, au point d'être considéré comme l'État le plus
riche du monde. C'est surtout à cette époque que l'Anatolie
s'est couverte de mosquées, de madrasa, de ponts et de khâns,
caravansérails. Mais les fondements mêmes du sultanat étaient
menacés à cause de la faiblesse grandissante des souverains et
du mécontentement religieux dû à leur conduite. Le 26 juin
1243, les Mongols leur infligèrent une terrible défaite à Köse-
dagh. Après la mort de Kaykhosraw II en 1246, le sultanat
tomba peu à peu dans la décadence. Le souverain mongol
Hûlâgû dut partager le sultanat entre deux Seljukides rivaux.
En 1277 une révolte des émirs fit appel au souverain Mamlûk
d'Egypte Baybar qui envahit l'Anatolie, battit les Mongols à
Elbistân, et poursuivit son entreprise jusqu'à Kayseri ; mais il
retourna en Egypte, et les Mongols qui avaient réagi se ven-
gèrent de la révolte des émirs turcs. Ils installèrent alors auprès

du sultân seljukide un vizir qui le contrôlait. En 1302 le dernier sultan disparut sans laisser de successeurs. Les émirs turcs acquirent de plus en plus d'indépendance, et se partagèrent l'Anatolie en principautés.

SHAHÂDA

Littéralement « témoignage ». La shahâda peut désigner le témoignage véridique dans le domaine juridique — — il est véridique dans la mesure où il s'inscrit dans le cadre du témoignage rendu à Dieu qui est la condition de la sincérité de l'homme ; le témoignage d'un non-musulman n'aura donc qu'une valeur indicative et portera le nom d'ishhâd. Elle désigne avant tout la profession de foi dans l'unicité et l'unité de Dieu ; elle atteste le *tawhîd*.* Elle peut désigner enfin le martyre de celui qui donne sa vie « dans la voie de Dieu », « fî sabî-li'llâh », pour attester da la prédication.

La shahâda en tant que profession de foi fonde tous les autres types de témoignage. Elle est en fait une double attestation. La première est l'affirmation de l'unité-unicité divine par le moyen de la formule d'exception (inshâ' Allâh), « il n'y a de Dieu que Dieu », « lâ ilaha illâ'llah ». Elle n'est pas le propre de l'islâm, mais la prédication du Prophète est censée la rapporter à sa vérité-pureté originelle ; Ibrâhîm, tous les prophètes légitimes et tous les hanîfs l'ont prononcée et l'ont portée aux hommes. C'est donc la seconde partie, qui est selon les juristes moins décisive que la première et devrait donc être prononcée à voix plus basse, qui en constitue le complément purement islamique. Elle constitue l'attestation de la mission prédicative et législative du prophète Mohammad, « et Mohammad est l'envoyé de Dieu », « wa Mohammad rasûlu'llah ». On considère en islâm que la parole témoignante engage celui qui la prononce du fait même qu'elle est prononcée. Par cette attestation on entre dans la communauté musulmane avec toutes les obligations que cela entraîne. La parole suppose donc la sincérité du cœur parce qu'elle témoigne de la foi. Celui qui ne la prononcerait pas avec son cœur se placerait lui-même dans le camp des hypocrites, les munâfiqûn à qui est promis un tourment éternel.

La shahâda est incluse dans la prière, elle est prononcée à la fin de chaque salât dans la partie intitulée tashahhod. Elle constitue le premier pilier de l'islâm, mais dépasse tous les autres car elle peut suffire à assurer le salut. Elle est le témoignage essentiel, celui de la foi et, selon la tradition, « Quiconque a un atome de foi dans le cœur ne sera pas des habitants de l'enfer ». Elle institue l'humanité intégrale en installant le dépôt divin dans l'homme qui proclame sa volonté de l'assumer. Elle est la répétition, dans le monde, de l'alliance adamique, le *mithâq* (Qor'ân 7: 171).

Dans le shî'isme imâmite, la shahâda est une triple attestation ; à la double formule précédente elle ajoute l'affirmation de la *walâyat** des Imâms, sans laquelle elle demeure incomplète. On commémore le triple pacte entre Dieu et les anges, le Prophète puis l'Imâm 'Alî, c'est reconduire l'homme à son humanité première, antérieure à sa sortie du paradis.

SHARI'A

Terme tiré du Qorân désignant un chemin révélé à suivre. La shari'a est la voie prescrite par Dieu aux fidèles pour accomplir leur destination ; elle désigne donc la loi d'origine divin telle qu'elle apparaît formulée dans diverses sources.

Elle établit les règles des actions dans le cadre de la communauté. Elle a un principe de distinction d'origine divin permettant l'évaluation des œuvres et non l'intention qui les déterminent. Elle est une indication à suivre pour accéder à la perfection morale que Dieu réclame de l'homme. Elle ne saurait néanmoins suffire à la réalisation spirituelle dont elle n'est que le point de départ. Pour le shî'isme imâmite elle est ainsi strictement subordonnée à la *tarîqa** (la voie mystique) et à la *haqîqa* (la vérité spirituelle) dont elle constitue l'enveloppe externe, le *zâhir*, l'exotérique. Certains soufis et les ismaéliens iront même jusqu'à proclamer sa déchéance face au *bâtin* (voir *Batiniyya*, le sens caché de la révélation).

C'est le Qor'ân et la sunna qui furent à l'origine de la détermination de la sharî'a par la science du *fiqh** (le droit religieux), l'ensemble des presciptions de la sharî'a s'applique à la fois à la vie sociale, privée, religieuse et politique. On divise usuellement ces prescriptions en trois espèces les mu'âmalât (les relations sociales), les 'ibâdât, les prescriptions culturelles, les 'uqûbât, les punitions prévues pour les transgressions. A l'origine constitué des compagnons du Prophète, l'ensemble des interprètes du droit musulman tendirent à constituer un corps de juristes appelé école.

Les quatre grandes écoles juridiques (voir *Madhhab*) se sont séparées dans les interprétations juridiques de la tradition et sur les fondements de cette interprétation, le *Qor'ân*, la *sunna*, l'*ijmâ'** (consensus), le *qiyâs* (raisonnement analogique), le *'aql* (raison) ; ce dernier n'étant reconnu que par le shî'isme imâmite qui a maintenu la possibilité de l'*ijtihâd**.

Les *faqîh** sont donc devenus les interprètes et les garants incontournables de l'interprétation de la loi, dont ils tentèrent de maintenir l'autonomie face aux pouvoirs politiques qui tendait à la limiter. Ils aboutirent à former plusieurs recueils de droit dont les prescriptions très tatillonnes étaient pour la plupart inapplicables, d'où la nécessité d'édicter des qawânîns dans ce domaine (et dans d'autres) fondés sur la pratique locale (le 'urf), suivant en cela l'exemple du Prophète lui-même.

Les cinq piliers de l'islâm

Les critères d'évaluation des actions sont très précis. Le domaine de la foi relève de la science théologique, le *kalâm**, alors que le fiqh règle le domaine de la pratique dans le *shari'a**. A l'époque du Prophète les principaux devoirs islamiques étaient la prière (*salât*), la « charité » (*zakât**), le jeûne du ramazan (*sawm*), et la guerre sainte (*jihâd**) ; les shî'ites y adjoignirent l'affirmation de l'imâmat. Dans le sunnisme* constitué, les devoirs furent déterminés sous la forme des cinq piliers de l'islâm (arkân), la *shahâda** (profession de foi), la prière, la *zakât*, le pèlerinage à la Mekke (*hajj**), et le jeûne du mois du ramazân (voir *Ramadhân*). Les actions sont évaluées diversement suivant une échelle allant de l'interdiction au louable. La shari'a prévoit donc cinq catégories légales (al-arkân al-khamsa) : 1. le devoir, fard, qui désigne l'action nécessaire (wajîb), obligatoire ; 2. les actions recommandables (mandûb) ; 3. les actions autorisées (mubâh) dont l'accomplissement est indifférent eu égard à la loi ; 4. les actions condamnables (makrûh) mais non susceptibles de châtiment ; 5. les actions défendues (harâm) et punissables.

L'évaluation des actions elles-mêmes varie beaucoup suivant les écoles (*madhhab**), les mêmes actions pouvant être tout à la fois recommandables et défendues suivant le madhhab dans lequel on se place. Il est à remarquer dans le droit civil qu'il était admis qu'un individu relevant d'un madhhab particulier demande à ce que son cas soit examiné en fonction d'un madhhab différent.

Dans l'histoire, les accommodements avec la pratique usuelle dans la collectivité ont été multipliés. Ainsi les mêmes docteurs de la loi qui interdisaient l'usure (voir *Riba*) prévoyaient les moyens pratiques de tourner les difficultés que cela posait au commerce. Un certain nombre d'éléments de la pratique locale du 'urf ont ainsi pu être légalisés dans le cadre de la sharî'a.

SHAYKH

L'ancien, ou le maître d'une congrégation soufie. En persan et en turc on le nomme souvent pîr. A l'origine, les congrégations se sont rassemblées autour de soufis particulièrement célèbres pour leur enseignement. C'est du VIIIe au Xe siècle que ces congrégations se sont organisées et ont progressivement conduit à la formation des ordres soufis plus tardifs comportant une chaîne de shaykhs, des couvents (khângâh, dergâh, etc). Dans ces groupes, le shaykh est un maître spirituel qui guide le murîd, le novice, dans son initiation aux étapes spirituelles. Le shaykh représente son pôle, le *qotb* qui lui sert de référence pour son imitation. Le shaykh est revêtu de son autorité par l'investiture de la khirqa, le manteau de laine dont se vêtent les soufis. Cette investiture du shaykh est répétée tout au long de la chaîne des successeurs dans la congrégation. Toute congrégation est légitimée par la chaîne initiatique, la silsila, qui la fait remonter à la première investiture du shaykh fondateur. Cette lignée spirituelle remonte, pour la plupart des congrégations à un Imâm soit le premier, *'Alî*, soit le huitième, *'Alî Rezâ*, ou encore à *Khezr*.* Le shaykh est donc censé être le représentant du personnage dont le premier shaykh a reçu son investiture. Le shaykh tend en fait à se substituer à l'Imâm comme pôle détenteur des vérités spirituelles. C'est une des raisons principales de l'hostilité des shî'ites au soufisme. Pour les shî'ites, c'est l'Imâm caché qui doit constituer le pôle mystique auquel s'origine la gnose que le shî'isme prétend être. Par conséquent, d'une part le soufisme est inutile dans le shî'isme puisqu'il est lui-même la vraie voie mystique et, d'autre part, le shaykh est non seulement inutile mais peut même être nuisible puisqu'il usurpe le rôle de pôle dévolu à l'Imâm et qu'il peut donc égarer le novice dans sa recherche de la perfection spirituelle.

SHÎ'ISME

Le terme shî'isme vient de l'arabe *shî'at 'Alî*, le parti de 'Alî*. Le shî'isme est né du problème posé à la communauté musulmane pour la succession du prophète. La majorité s'est ralliée à la désignation d'Abû Bakr, puis de 'Omar et enfin 'Othmân, alors que des musulmans se groupaient autour de 'Alî, écarté. Ils se réclamaient de la légitimité familiale de 'Alî, désigné par le Prophète pour être son héritier à Ghadir Khomm, ce pourquoi on les a appelé les légitimistes. Cette ligne de clivage entre le légitimisme reposant sur l'affirmation de la *walâya** le khalifat de 'Alî deviendra manifeste lors de la bataille de Siffîn, en 657, qui divisera la communauté en trois grandes branches, les *khârijites* (voir khârijisme), les shî'ites et plus tard les sunnites. Avec la perte du khalifat, les shî'ites demeureront un groupement caché et durement réprimé, pratiquant le *taqîye*, ou ketmân, qui consiste à cacher son appartenance au shî'isme pour éviter la mort. Les Imâms seront les premières victimes de la répression d'État contre le légitimisme alide ; ils seront tous assassinés, les derniers dans la fleur de l'âge. Il faudra attendre le Xᵉ siècle pour que s'instaure un État shî'ite ismaélien en Égypte, puis le XVIᵉ siècle pour que l'Irân devienne un Etat shî'ite.

Les divisions à l'intérieur du shî'isme

A l'intérieur du shî'isme lui-même, il y a eu de nombreuses ruptures. Les plus importantes sont le zeydisme, qui s'est séparé sur la question du mode de choix de l'Imâm, puis surtout l'*ismaélisme*.* Celui-ci a commencé avec le problème de la désignation du successeur du sixième Imâm, Ja'far al-Sâdeq. Il avait d'abord désigné son fils aîné Ismâ'îl, mais celui-ci mourut avant son père ; son deuxième fils 'Abdallah, mourut aussi tout de suite après son père, et les imâmites choisirent de prendre pour Imâm Mùsâ ; un groupe choisit de maintenir son allégeance à Ismâ'îl, le proclamant l'Imâm caché, le *mahdî** attendu, ce pourquoi on les appelle ismaéliens*.

Les shî'ites qui suivirent Mùsâ, sont appelés imâmites ou encore duodécimains (ithnâ 'ashariyya), car ils considèrent qu'à chaque prophétie législatrice, succède un ensemble de douze imâms, dont le dernier prépare et annonce la prophétie suivante. Mais la prophétie est close avec Mohammad, et donc ce cycle de l'imâmat est aussi le dernier. Le douzième Imâm est donc entré en occultation, la petite puis la grande, qui durera jusqu'à la fin des temps. Les thèmes centraux du shî'isme sont, en plus des affirmations communes à tous les musulmans (l'unicité de Dieu, la prophétie de Mohammad, comme sceau des prophéties antérieures, l'attente de la résurrection et du jugement), l'affirmation du 'adl (le fait que Dieu ne peut agir que dans la justice et non arbitrairement), de la walâya* inaugurée par 'Alî, et l'instauration d'une gnose cachée (voir *'Irfân*).

Le *fiqh** shî'ite est très proche du fiqh sunnite, mais s'en distingue par certains côtés. Il a été influencé par le mo'tazilisme et reconnaît comme sources du droit le Qor'ân dans la version de 'Othmân (celle de 'Alî a disparu), la sunna du Prophète (plus les *hadîths** des Imâms et des hadîths du prophète rejetés par les sunnites), le consensus de la communauté, *ijmâ'**, mais conditionné par l'approbation de l'Imâm, et le 'aql, la raison à la place du raisonnement par analogie des sunnites (qiyâs).

Enfin les shî'ites ont maintenu les portes de l'*ijtihâd** ouvertes, au contraire des sunnites qui l'arrêtent avec les quatre imâms fondateurs des rites juridiques. Les pratiques religieuses sont les mêmes que chez les sunnites, sauf pour l'appel à la prière dans lequel on ajoute la mention de la walâya de 'Alî, et pour la prière qui s'accomplit parfois en posant le front sur un petit pavé fait avec la terre de Kerbelâ* ou de Mashhad.* Le shî'isme a maintenu le mariage temporaire anté-islamique, mot'e (voir *Polygamie*), et a modifié les règles d'héritage admises par les sunnites au profit des femmes.Les femmes reçoivent la même part d'héritage que les hommes à même degré de parenté et même rang de succession.

Les shî'ites sont majoritaires en Irân, en Iraq, à Koweit, et sont la communauté la plus importante du Liban. Ils sont nombreux au Pakistân, en Inde (surtout ismaéliens), en Afghanistan, en Turquie (Alevis), au Yemen.

SIFÂT

Voir Attributs.

SILSILA

La chaîne initiatique qui définit l'affiliation d'une congrégation soufie (voir *Tarîqa*) à un pôle mystique d'où elle tire sa connaissance des vérités spirituelles dont elle assure l'initiation. Ces chaînes initiatiques remontent la plupart du temps à un Imâm shî'ite ou à un des personnages occultés de leur vivant dans le monde caché de Dieu comme *Khezr**, ou encore à Salmân Pâk, le compagnon iranien du Prophète. La silsila de la gnose tend à s'identifier à la Walâya*, la continuité de la mission ésotérique qui est la permanence de la prise en charge du dépôt divin en l'homme par les gnostiques. La silsila marque la permanence du pôle dans le monde par la possibilité demeurant ouverte d'une connaissance ésotérique.

SINÂN

Mimâr Sinân est le plus grand architecte ottoman. Il est né de parents grecs chrétiens à Kayserî le 15 avril 1489 (9 rajab 895h.). Il fut recruté par le *devshirme*, le système d'enrôlement des chrétiens et devint janissaire. Il participa aux campagnes militaires contre Belgrade, en 1521, et Rhodes, en 1522, où il fut distingué pour son courage. Il se distingua encore dans la campagne contre l'Irân en 1534 en faisant construire d'excellents bateaux pour traverser le lac de Van. Il monta en grade grâce à son talent et fut intégré à la suite du sultân Süleymân 1er, Soliman « le Magnifique ». Lors de la campagne contre la Valachie, il fit construire un pont sur le Danube qui établit définitivement sa renommée.
Il devint le chef des architectes de l'empire, ayant sous ses ordres des équipes complètes lui permettant de réaliser des œuvres dans l'ensemble du territoire ottoman. Il a particulièrement travaillé sur la coupole et conçoit l'architecture comme l'art de l'organisation de l'espace. Il a fixé définitivement les canons de l'architecture classique dans l'empire ottoman, maintenus par ses nombreux élèves. Un de ses élèves, Yûsuf, sera appelé en Inde par le souverain moghol Shâh Akbar pour y construire des palais. Ces chefs d'œuvre sont, à Istanbul, la mosquée du prince, Shehzade, en 1548, la Süleymâniye, en 1550-56, et, à Edirne, la Selîmiye, la plus grande, construite de 1567 à 1574. Il a bâti 343 monuments. Il est mort le 17 juillet 1578 (12 jumâdâ 986h.) à Istanbul et il est enterré près de la mosquée de la Süleymâniye.

SIRR

Terme du lexique soufi tiré du Qor'ân (6:3 ;20:7 ;26:8 ;71:9). Il a un double emploi. Il a d'abord le sens de « secret » (pl. asrâr). Il désigne alors les secrets divins dans le monde caché avec leur hiérarchie. Il désigne ensuite un niveau de conscience spirituelle. C'est le sens subtil des connaissances spirituelles, celles des haqâ'iq (voir *Haqîqa*), les vérités spirituelles. C'est le sens qui correspond à l'appréhension des secrets divins et qui lui-même demeure un secret. On pourrait l'appeler la trans-conscience, ou encore l'arcane, la conscience secrète, ce qui dans l'âme représente le lieu le plus intime et le plus impénétrable. C'est un des organes mystiques comme l'esprit ou le cœur, mais il est conçu en corrélation avec le secret divin. Rûzbehân dit de lui qu'il est entre l'être (voir *wojûd*) et le non-être, et qu'il est la mise en œuvre du sens. Il ajoute que l'on ne saurait rien dire de ce qu'il révèle, et qu'aucune créature n'est au-dessus de lui. Cette conscience secrète est composée de plans de secrets, qui se dévoilent progressivement et débouchent sur la perception théophanique, le passage du non-être à l'être qui fait éclore le sens comme le mystère absolu scellé dans l'imparticipable essence divine, la lâhût. Le secret extrême est l'acte créateur lui-même, l'impératif divin qui s'exprime dans la Parole : « *Sois!* ».

A cette conception correspond celle du secret telle que l'interprète la gnose shî'ite. Il y a une hiérarchie de secrets divins qui ne se manifestent qu'à travers de nouveaux secrets, réservés à une hiérarchie spirituelle. Cette double hiérarchie des secrets et des spirituels qui sont eux-mêmes ces secrets et la conscience de ces secrets est exprimée dans un propos de l'Imâm Ja'far al-Sâdeq : « Notre cause est un secret voilé dans un secret, le secret de quelque chose qui reste voilé, un secret que seul un autre secret peut enseigner ; c'est un secret sur un secret qui reste voilé par un secret. » Ce propos, et d'autres qui vont dans le même sens, conduit à poser une hiérarchie d'approfondissement du secret qui conduit jusqu'au seuil de l'essence divine qui est au-delà même du secret, puisqu'elle précède l'être.

On en distingue quatre demeures, *maqâmât*. 1. Le secret qui reste enveloppé dans un secret, celui où s'accomplit le faire être ; 2. le secret du secret, le faire être lui-même comme manifestation (la Face divine, le Sens) ; 3. le secret, ou encore l'ésotérique de l'exotérique, l'intelligence prophétique éternelle ; 4. l'exotérique, l'Imâm qui garde le secret, sépare les élus des bannis et maintient la révélation prophétique ouverte.

SOHRAWARDÎ (Shihâboddîn Yahyâ)

Sohrawardî est une des plus grandes figures du soufisme par son projet théosophique, comme par sa postérité. Il est né en 1155 (549h.), à Sohraward au nord-ouest de l'Iran. Il a étudié en Azerbaijan, dans la ville de Merâgheh, puis à Isfahân. Après un séjour en Anatolie, il se rendit en Syrie. Il y fut arrêté et jugé. Il mourut en prison le 29 juillet 1191. Malgré les interventions du gouverneur d'Alep auprès de son père Saladin (Salâh al-Dîn), celui-ci le fit probablement assassiner dans sa prison. Il a écrit quarante-neuf ouvrages ; des œuvres dogmatiques conformes aux canons de la philosophie aristotélicienne, des récits initiatiques, et des œuvres didactiques de moindre importance. Le livre où il expose l'ensemble de sa doctrine est le *Hikmat al-Ishrâq*, le « Livre de la sagesse orientale ». Sohrawardî a repris le projet d'Avicenne de fonder une philosophie « orientale ». Il a tenté de restaurer la sagesse de l'Iran pré-islamique dans le cadre d'une théosophie d'inspiration islamique, fondée sur l'opposition entre la lumière et la ténèbre, barzakh*. Il est fortement influencé par les enseignements de Platon, de Zoroastre et l'hermétisme.

L'idée centrale de sa pensée est celle de la « lumière de gloire », le Xvarnah (terme tiré de l'Avesta), qui est la Lumière pure à partir de laquelle procède toute la hiérarchie des êtres. La première création est celle du premier archange de lumière, Bahman, qui est lié à la Lumière des lumières par une relation d'amour, qui conditionne toute la création jusqu'au monde terrestre. De cette première création procède toute une hiérarchie d'intelligences angéliques liées à la cosmogonie (voir *Malâk*). A cette lumière primordiale est opposée une ténèbre primordiale, *barzakh**, absolue qui demeure indépendamment de la lumière, dans une conception d'origine manichéenne. Le monde physique est donc un mélange de lumière et de ténèbres qui fonde une véritable gnose illuminative, qui cherche son Orient, le lieu de lumière ascendante.

SOUFISME

Voir Tassawwof, dhîkr, fikr.

SOURATE

Voir Qo'rân.

SUNNA

Voir hâdîth et Sunnisme.

SUNNISME

Le sunnisme, mot dérivé de l'expression « sunnat al-nabî », la coutume du prophète, désigne la tendance majoritaire en islâm. Elle ne prendra conscience d'elle-même en tant que groupe doctrinal que tardivement. Elle prend sa source dans l'attitude politique de la majorité des musulmans ; lors de l'arbitrage décidé à Siffin pour prendre une décision sur l'attribution du khalifat ils se sont soumis à la victoire de Mo'âwiya, tandis que les partisans de l'Imâm *'Alî**, khalife destitué, continuait à affirmer sa légitimité.

Dans l'esprit sunnite seul compte l'accord communautaire sur la personne du khalife, celui-ci n'étant pas impeccable, mais désigné pour être le garant de l'application de la loi religieuse ; le khalife peut donc le demeurer tant que ses ordres ne contredisent pas la *sharî'a**. Au contraire pour les shî'ites le khalifat est l'expression de l'impeccabilité de l'Imâm investi de sa mission de toute éternité du fait de son inscription dans le plérôme des douze. L'arbitrage de Siffin provoqua aussi la dissidence des *khârijites* contre 'Alî, reprochant à celui-ci d'avoir accepté l'arbitrage avec Mo'âwiya. Ce n'est donc que lors de la réaction d'al-Motawakkil, dans la première moitié du IXe siècle, que les sunnites s'organisèrent contre les deux autres grandes tendances en une famille distincte. L'expression qui les désigne, « ahl al-Sunna wa'l-Jamâ'a », les gens de la tradition et de la communauté, est d'origine hanbalite. La communauté sunnite se définira donc avant tout comme celle qui ne se définit que par rapport à la tradition instaurée par le Prophète lui-même, à l'exclusion des autres sources d'imitation, en particulier les Imâms shî'ites. D'autre part elle se définira comme communauté réunie par un esprit de modération, « la communauté de juste milieu » définie par le Qor'ân, par la raison et la soumission éclairée à l'ordre établi, en particulier dans le domaine politique. Le critère sera d'éviter toute tendance extrémiste, toute interprétation suspecte d'extrapolation comme on peut en voir dans le soufisme. Il s'agit donc de former une communauté dont la modération permet de rassembler le maximum de fidèles.

A l'époque contemporaine, du reste, les réformateurs tenteront de réactiver la formule du hanbalite ibn Taymiyya « al-madhhab al-mohammadiyya », pour rassembler toute la communauté y compris les shî'ites dans une définition simple de l'islâm autour de l'imitation du Prophète. Cette attitude est répétée par les islamistes qui tentent de gommer les différences doctrinales des différentes *firqa** pour fonder une *Umma** unitaire.

A partir de la réaction 'abbasside qui tente de définir une

orthodoxie islamique, les différentes écoles juridiques sunnites (voir *Madhhab*), et la théologie apologétique (voir *Kalâm*), pourront définitivement se fixer et définir le cadre de l'islâm sunnite que nous connaissons aujourd'hui. De la deuxième moitié du VIIIᵉ siècle à la fin du IXᵉ siècle, les imâms des quatre rites ont ainsi successivement fondé leurs courants de pensée conduisant ainsi à la formation de véritables écoles dominant la pratique et la doctrine religieuse du sunnisme. L'apparition des grands mouvements de contestation shî'ites au IXᵉ siècle, en particulier la puissante dynastie ismaélienne des Fatimides, affaiblira de plus en plus l'islâm sunnite, pour le marginaliser.

Ce sont les Turcs des dynasties seljukides, au XIᵉ siècle, relayés par l'Empire ottoman, champion du sunnisme face à l'Iran safavide, qui, à l'est, rétabliront le sunnisme dans sa position majoritaire ; tandis qu'à l'Ouest ce sont les Berbères qui se chargeront de la même œuvre. La grande réaction hanbalite du XIᵉ siècle marquera aussi le déclin par la fermeture doctrinale des grandes écoles sunnites de la grande culture arabe, qui est remplacée progressivement par la culture turque islamisée et d'influence iranienne. Le sunnisme finit par gagner les neuf-dixièmes de la population musulmane à l'époque contemporaine, les shî'ites n'étant majoritaires qu'en Iran, peut-être au Liban et en Irâq.

Le sunnisme n'a pas toujours eu la même attitude vis-à-vis du soufisme. Si celui-ci fut favorablement accueilli au début, le IXᵉ siècle, avec la constitution doctrinale du sunnisme, consomme la rupture entre celui-ci et le soufisme. Hallâj, al-maqtûl, « l'assassiné », est exécuté en 922 (309h.) et est l'exemple même de la persécution dont les mystiques sont victimes à l'époque. Il faut attendre le grand manuel du soufisme rédigé par Ghazzâlî (mort en 1111-505h.), pour que le soufisme, l'amour de Dieu, sous une forme modérée et facilement accessible, soit admis par les religieux. Le soufisme devient une science religieuse intégrée aux études et se répand dans le monde sunnite sous la forme des grandes congrégations officielles comme les Qadiriyya, les Shadhiliyya, etc.

T-U

TAJALLÎ

Terme du lexique soufi, tiré du Qor'ân (7:139). A l'origine il signifie le dévoilement de la jeune épouse devant son mari le soir de ses noces. Tajallî est donc lié à la vision ; c'est une apparition, une épiphanie pour une vision, ru'ya. C'est la manifestation de Dieu au paradis qui transfigure le cœur du croyant pour qu'il l'atteste dans une vision. L'utilisation du terme tajallî a pour but de rendre compte de la vision du Dieu promise dans le paradis. Elle débouche dans le soufisme sur la possibilité de la vision par l'acquisition de la perfection spirituelle. Il n'y a pas de vision sans tajallî, et finalement le terme va servir dans la wahdat al-wojûd (voir *Wisâl*) et dans la gnose shî'ite à rendre compte à la fois de l'idée de création et de la connaissance mystique, celle que désire Dieu dans son essence cachée. La tajallî est l'acte même par lequel Dieu se révèle à lui-même dans ses attributs et ses opérations. Le sens de la théophanie est à chercher dans le désir qu'éprouve l'essence divine à se connaître.

Chaque plan de la théophanie est double ; il possède un extérieur, *zâhir*, et un intérieur, *bâtin**; un sens descendant, prophétique, et un sens ascendant imâmique. Chaque plan de la théophanie a à se convertir à sa destination pour être le lieu transparent de l'unification divine. La théophanie est fondamentalement ambiguë, « iltibâsî », voilement et révélation.

Le sens secret de la théophanie est donc l'amour qu'éprouve Dieu pour sa création. L'acte par lequel Dieu crée son icône est un projet, celui de rendre cette manifestation apte à refléter son créateur. La théophanie est donc le processus de descente des attributs divins le long de l'arc de la création, qui atteste pour celle-ci l'existence de son Seigneur et décrit le séns de son retour. La prophétie est cette attestation descendante qui pacifie la création et la convertit à sa destination, dans la *walâya**, des saints dans le soufisme, des *Imâms** dans le shî'isme. La création se convertit à son sens théophanique pour se révéler

140

dans la double appartenance d'amour du Seigneur et de sa créature. La théophanie prend tout son sens dans l'eschatologie, la parousie du XII° Imâm qui accomplit le projet éternel de Dieu, celui de se connaître dans une création qui l'atteste. Cette création théophanique est orientée sur la théophanie primordiale en laquelle s'accomplit le retour, *la haqîqa mohammadiyya**, le plérome des Quatorze Immaculés, qui est la *prophétie** primordiale.

TAKBÎR

Terme désignant la prononciation de la formule « Allahu akbar », « Dieu est le plus grand ». Cette formule affirme la supériorité absolue de Dieu et sa souveraineté sur le monde. La formule se trouve dans le Qor'ân et l'habitude s'est établie de la prononcer régulièrement pour des événements importants ou dans toute occasion où se manifeste de façon évidente la supériorité de Dieu sur les événements. A l'imitation du Prophète on prononce un quadruple takbîr lors de la prière mortuaire. L'appel à la prière est lui aussi précédé d'un quadruple takbîr, et un takbîr est prononcé au début de la prière et répété cinq fois pendant son accomplissement. Comme le montre l'exemple du Prophète qui prononçait la formule à chaque étape du pèlerinage, le takbîr est l'affirmation de la présence évidente de Dieu et de la reconnaissance de celui-ci dans la soumission.

TARÎQA

Littéralement, le chemin, la voie. Le sens du mot a évolué progressivement de l'époque des pieux ascètes à celle du soufisme organisé. A l'origine, et jusqu'à la fin du X° siècle environ, tarîqa désignait la méthode, le chemin du perfectionnement spirituel ponctué par les états, ahwâl, allant de la simple Loi, la *sharî'a**, à son ésotérique, la *haqîqa**, la réalité divine révélée dans ses attributs. La « pratique » de base en est alors la prière intime, le *dhikr** qui épiphanise au cœur un Nom divin, mais aussi le concert spirituel, *samâ'**, ou les locutions théopathiques, les shatahât.

La tarîqa, au fur et à mesure que les disciples se rassemblaient autour de certains maîtres et s'organisaient, en vint à désigner les congrégations soufies elles-mêmes ainsi que leurs méthodes, leur chaîne initiatique. Elles s'organisèrent de manière stricte, avec des règles précises, un cérémonial particulier, de telle sorte qu'il est possible d'en tirer des constantes. Des couvents se sont organisés — on peut y vivre, on peut rester célibataire ou non, mais il n'y a pas de vraie règle monastique qui retranche l'adepte du monde. Le couvent de l'ordre, généralement bâti près de la tombe d'un saint, vit des aumônes des pèlerins. Le novice, murîd, y entre par une initiation devant témoins, souvent d'origine qarmate, comme les pactes des confréries artisanales. Le murîd est revêtu de la *khirqa*, le manteau des soufis après une période d'apprentissage et a le droit de porter la coiffe de l'ordre. On lui confère la double chaîne initiatique, celle des maîtres de l'ordre et celle de la filiation spirituelle. Le novice fait un double serment correspondant à sa double filiation. La vie dans le couvent est organisée en fonction des exercices spirituels propres à l'ordre, les veilles, les jeûnes, les séances de dhikr, le samâ' pour certaines congrégations.

Le shî'isme condamne les tarîqa qui, selon lui, usurpent leur rôle et méconnaissent le sens réel de l'imâmat* en lui substituant la *walâya**, parce qu'il se considère lui-même comme la véritable voie par laquelle s'accomplit le sens spirituel de la révélation qorânique sous ses trois modalités *sharî'a, tarîqa, haqîqa*. La tarîqa, la voie mystique, conduit à la réalité spirituelle, haqîqa*, de la Loi, sharî'a*, révélée dans la descente du Livre, tanzîl. Elle est elle-même l'herméneutique du texte, le ta'wîl*, et elle est identifiée aux Imâms, car ils sont la voie qui opère cette remontée au principe.

TASAWWOF

Tasawwof est le terme qui en arabe désigne le fait de faire profession de soufisme. Il est tiré du mot sûf, la laine dont est composé l'habit du soufi. L'appellation soufisme recouvre une tradition spirituelle extrêmement diverse et riche. Bien qu'il existe une tradition soufie dans le shî'isme, celui-ci le condamne. Le soufisme est donc avant tout un phénomène propre au sunnisme, apparu du fait de la volonté de certains d'approfondir leur foi en passant par une purification intérieure. Le terme soufi a pour la première fois fait son apparition dans la deuxième moitié du VIIIe siècle dans les milieux des ascètes et des shî'ites de Kûfa, qui se distinguèrent ainsi des malâmatiyya du Khorâsân dans le nord-est de l'Irân. Cette désignation des spirituels musulmans devint très rapidement générale.

Cette attitude religieuse était fondée sur l'exemple de la spiritualité du Prophète (voir *Mi'râj**), des Imâms shî'ites, dont les soufis se réclament, et des premiers ascètes parmi les compagnons du Prophète, Abû Dharr, Hudhayfa, ou encore 'Oways qui ne connut le Prophète qu'en songe. Dans les premiers siècles de l'islâm il est possible de distinguer deux grandes écoles, celle de Kûfa, marquée par le shî'isme et le platonisme, et celle de Basra, fortement sunnite et rationaliste. Ces deux écoles se fondèrent à Baghdâd, dans la deuxième moitié du IXe siècle, qui vit aussi éclore la persécution des soufis par les autorités religieuses. Celui-ci fut de plus en plus marqué par des influences shî'ites, en particulier de la part des ismaéliens qui, à cause de la répression trouvaient ainsi le moyen de maintenir leur enseignement tout en professant une attitude sunnite.

On a coutume de diviser l'histoire du soufisme en deux grandes parties. La première époque qui va jusqu'au XIIIe siècle a reçu le nom de wahdat al-shohûd, « monisme testimonial » (l'appellation est du XVIe). C'est l'époque qui va des pieux ascètes du début à la stricte codification du soufisme. Le *tasawwof** devient « science du cœur », qui conduit, à travers la succession des états spirituels, à l'annihilation du mystique face à l'unité divine et à sa surexistence comme témoin attestant l'unité d'*al-Haqq** (le nom utilisé pour désigner Dieu dans le soufisme à partir du IIIe siècle), par sa transformation même.

A partir du XIe siècle les influences ismaéliennes, qarmates, et hellénistiques se feront de plus en plus sentir dans le soufisme et conduiront à la deuxième grande époque, que ses ennemis nommeront wahdat al-wojûd, « monisme existentiel ». Son grand représentant est *ibn 'Arabî** qui fonde l'idée que l'existence est l'épiphanie des noms divins, dont chaque être doit attester en lui sa suzeraineté. L'essence divine demeure inaccessible mais se présente dans sa création sous le double aspect de la divinité créatrice, *al-Haqq*, et de la créature, *khalq*. Il fonde ainsi un système global de l'être dans lequel le mystique réalise un projet divin décidé dans la prééternité.

TAWHÎD

Le terme tawhîd a été forgé par les écoles de théologie, en particulier le mo'tazilisme. Il a ensuite été repris par le soufisme qui l'a progressivement transformé. A l'origine, le tawhîd c'est l'affirmation de l'unité divine absolue, telle qu'elle est formulée dans la *shahâda**, la profession de foi. Pour les mo'tazilites*, qui se nommaient eux-mêmes ahl al-tawhîd, les gens du tawhîd, celui-ci est posé par la voie du *tanzîh*, qui dépouille l'essence divine, dans sa formulation, de toute analogie avec la créature, de tout ce qui pourrait venir s'y ajouter. Elle ne peut être dite qu'à travers la négation qui la laisse être telle qu'elle est.

Pour les soufis, comme *Hallâj** le tawhîd, l'attestation de l'unique, ne peut être réalisé qu'à la condition que Dieu s'atteste lui-même dans le mystique qui s'est dépouillé de tout attribut individuel, qui est en état de *fanâ'*, d'annihilation. Dans cet état, le soufi est le lieu même de l'attestation dont Dieu est le sujet, et dépasse toute affirmation exotérique du tawhîd, comme celle des théologiens ; celle-ci devient imprononçable, car elle vient s'ajouter à l'affirmation de l'essence divine et en nie alors l'unicité. Le tawhîd exotérique, tel qu'il est posé dans la profession de foi, ne peut avoir de sens que s'il est transfiguré dans l'expérience spirituelle qui est affirmation simple de Dieu. Dans la wahdat al-wojûd, le soufisme postérieur, et dans le shî'isme, le tawhîd est l'attestation de l'unique se connaissant lui-même dans son opération théophanique qui fait être. Le tawhîd est l'unification de l'unité divine. Le secret du tawhîd, c'est que Dieu s'unifie en créant ; le tawhîd s'exprime sous la forme 1x1 = 1, ce qui est la forme de l'amour divin. Le sens eschatologique de la création est l'entretien intime universel, réalisé par le retour de la prophétie à son principe. Le secret du tawhîd est donc l'amour prééternel qui conduit l'essence divine à se connaître dans sa théophanie ; et c'est l'amour réalisé dans l'union mystique de l'amant et de l'aimé qui reconduit la créature à l'acte qui le crée pour être le support des attributs divins dans lesquels Dieu se connaît. C'est pourquoi la religion ésotérique qu'enseignent les Imâms c'est la religion d'amour. Ce projet se réalise lors de la parousie de l'Imâm caché qui dévoile le sens de la religion prophétique, le tawhîd. Dans la multitude des créatures c'est toujours l'unité divine qui est présente. La parousie du douzième Imâm est le moment de l'attestation universelle, la manifestation complète dans les cœurs du tawhîd véritable par la croissance universelle dans la gnose des êtres, jusqu'à atteindre leur dimension prophétique ; c'est ce que révèle un propos du Prophète qui affirme que l'Imâm « emplira les Terres de tous les cœurs du tawhîd et de la gnose, après qu'elles auront été dévastées par le shirk (l'associationnisme), la désintégration inconsciente du divin et de l'être ».

TA'WÎL

Terme qorânique désignant l'interprétation du Qor'ân (7:51) et l'interprétation des signes ou des énigmes (12: 6). C'est Dieu qui la connaît et l'enseigne à ceux qu'il choisit, à Joseph par exemple. La manifestation du ta'wîl confond les incroyants, ceux qui n'ont pu croire la révélation immédiatement sans interprétation.

L'idée d'un ta'wîl, d'une herméneutique spirituelle, est le point de clivage entre l'attitude sunnite, le shî'isme, et le tasawwof.*

La tradition sunnite oppose tafsîr, l'explication qui rend claire la lettre du texte, et le ta'wîl, comme l'interprétation allégorique des versets dits ambigus. La position habituelle est de considérer la recherche d'un sens caché comme l'interprétation tendancieuse de ce qui n'a pas été donné de façon claire. Ainsi, seules les données qui servent de direction juridique à la communauté sont susceptibles de commentaire, alors que les données qui traitent des réalités eschatologiques, des attributs divins, doivent être exposées « bi-lâ kayfa » sans s'interroger sur le pourquoi ou le comment.

Dans le shî'isme, au contraire, le ta'wîl est le point de départ de la doctrine et repose sur les mêmes fondements que l'imâmat, la distinction entre *bâtin**et *zâhir*, sens caché et sens apparent. Cette dualité première entre la le manifesté et sa manifestation structure à la fois la réalité prophétique, conditionnée par l'imâmat, son sens caché, et l'ensemble de la création qui est conditionnée par l'essence divine cachée. Saisir le rapport de suzeraineté qui existe entre l'être et son Seigneur,c'est comprendre cet être comme l'épiphanie de son Seigneur, bref comme une théophanie. La véritable attestation de l'unité divine consiste à révéler à cet être son sens, à percevoir en lui l'unité divine manifestée. La bi-unité bâtin-zâhir est liée à celle du Prophète et de l'Imâm, dans la réalité mohammadienne primordiale. Au couple bâtin-zâhir, correspond donc le couple *tanzîl-ta'wîl*.

Le tanzîl c'est l'opération par laquelle Dieu se manifeste, par laquelle l'essence divine descend jusqu'à son épiphanie terrestre comme mission prophétique ; le ta'wîl est l'opération par laquelle cette réalité prophétique remonte à son Seigneur, se fonde dans l'adoration de Dieu, pour installer à la fin des temps la création dans la manifestation de son sens caché, l'attestation de l'unique que réalise la parousie du XIIᵉ Imâm. Le ta'wîl n'est donc pas seulement une technique de lecture, c'est une transformation gnostique du croyant qui engage et convoque la totalité de la création, à répéter le pacte prééternel conclu par Dieu avec Adam, le mithâq. Ainsi le ta'wîl est la gnose elle-même, c'est une réalisation spirituelle enseignée par les Imâms, objet d'une science reçue comme un héritage spirituel. Les soufis eux-mêmes — ils emploieront du reste volontiers le mot tafsîr pour désigner leur herméneutique — se réfèreront aux imâms shî'ites, à qui ils en attribuent la paternité, pour fonder le ta'wîl.

Le ta'wil selon le shî'isme

Le shî'isme considère que c'est le Prophète lui-même qui a inauguré le ta'wîl en l'enseignant à 'Alî*, comme celui-ci le raconte : « Pas un verset du Qor'ân n'est descendu sur l'envoyé sans qu'il ne me le fît réciter et ne me le dictât. Alors je l'écrivai de ma main et il m'en enseignait le tafsîr, et le ta'wîl, l'abrogeant et l'abrogé (nâsikh et mansûkh), l'établi et l'ambigu (mohkam et motashâbih), le propre et le général. Et il priait Dieu d'agrandir ma compréhension et ma mémoire. Je n'ai pas oublié un seul verset du Livre ni une seule connaissance qu'il me dicta depuis qu'il pria Dieu ainsi pour moi. Ensuite il posait sa main sur ma poitrine et demandait à Dieu qu'il remplisse mon cœur de connaissance et de compréhension, de jugement et de lumière. » Le tafsîr est considéré comme une préparation au ta'wîl qui reconduit l'âme à son seigneur. Certains hadîths des Imâms exposent l'idée selon laquelle il y a quatre niveaux de lecture du Qor'ân. Un hadîth du VIᵉ Imâm, Ja'far al-Sâdeq, relie ainsi ces quatre plans de lecture à une hiérarchie gnostique. Mais c'est un propos du Prophète qui fonde la structure des sens cachés du Qor'ân ; il en distingue sept qui ont leurs correspondants cosmologiques : « Le Qor'ân a une apparence extérieure et une une profondeur cachée, un sens exotérique et un sens ésotérique ; à son tour ce sens ésotérique recèle un sens ésotérique ; ainsi de suite jusqu'à sept sens ésotériques. » Le ta'wîl consistera donc à parcourir l'ensemble de ces sept plans d'êtres qui correspondent aux sphères célestes. Le ta'wîl fonde l'imâmat ; celui-ci en est le détenteur et initie une chaîne de spirituels qui le maintiennent jusqu'à la parousie du dernier Imâm qui l'accomplit définitivement et, en l'accomplissant, établit la discrimination entre les croyants et les infidèles, sépare les élus et les damnés.

UMMA

Terme qorânique désignant la communauté musulmane dans son unité religieuse et politique. *Umma* provient sans doute de Umm, la mère, et pourrait prendre le sens de matrie, en tant que génitrice et berceau d'éducation islamique. Il y a beaucoup de passages qorâniques et de hadîths qui y font référence. La prédication du Prophète en fait un élément essentiel du dispositif religieux. L'islâm en tant qu'éthique est inséparable d'une matrie qui la porte, l'accomplit, l'engendre continuellement. La pensée de l'islâm dès l'origine la pose comme une unité indivise et une réalité de foi ; le Qor'ân dit à ce sujet : « Vous êtes la Umma la meilleure qui ait surgi pour les hommes : vous commandez le bien et interdisez le mal. » La Umma se voit ainsi définie comme unité, comme référence éthique pour l'ensemble des hommes. L'idée du khalifat qui doit être représenté par une personne unique, garante de la moralité de la communauté et responsable de son extension aux autres hommes, découle directement de là. La Umma, dans son unité, est le reflet exact de l'unité divine ; de la même façon que Dieu est un et indivisible, la communauté en tant qu'elle engendre les hommes qui font foi d'islâm, se soumettent à la loi de Dieu, ne peut être qu'une et indivise.

Toute division de la communauté est dès lors source d'égarement et d'incertitude pour le croyant. Elle est condamnable car l'unité est une garantie du savoir vrai. Les réformistes puis les islamistes interpréteront dans ce sens la constitution, d'origine coloniale, d'Etats-nations, fondés sur un droit illégal. Ajouter quelque chose à la Umma dans le domaine politique, c'est la faire éclater, détruire son exemplarité qui ne vaut que par son unité, et par suite rendre impossible ou au moins problématique la reproduction de la foi et de sa pratique. Or l'unité communautaire est brisée dans la pratique politique depuis la mort du Prophète. L'islamisme vise donc à instaurer la communauté idéale qui est présente virtuellement dans l'islâm.

W

WAHDA

La wahda est l'unité de Dieu. C'est le dogme fondamental de l'islâm, celui qui a guidé les spirituels dans leur recherche de l'union (voir *Wisâl*). Cette union est vécue comme l'accomplissement du *tawhîd**, l'unification de l'unique, l'accomplissement du pacte conclu avec Adam dans la préeternité. La wahda est le secret du tawhîd. Dans l'union la différence est maintenue, pourtant l'unité divine demeure pure de toute association. En fait le mystère de l'essence divine est que, dans l'attestation de son témoin, c'est elle-même qui se présente dans son unité. Le tawhîd est la répétition du pacte avec Adam parce que la création n'est pas autre chose que la présence répétée de l'unité divine, la multiplication non pas d'unités séparées mais d'une unité qui est toujours la même. Le tawhîd est, comme le dit Rûzbehân Baqlî Shîrâzî, la multiplication de l'un par l'un (1x1=1) et ne produit toujours que de l'un.

WAHDÂNIYYA

La wahdâniyya est dans le vocabulaire soufi l'unicité de l'Unique, ou encore l'unitude de Dieu dans son mystère, dépouillé de tout attribut. La wahdâniyya est l'essence divine en elle-même, hors de toute théophanie, hors de la dualité amphibologique de l'attestation par la vision. La connaissance de la wahdâniyya est l'insoutenable, ce qui annihile celui qui pénètre dans le temple secret de l'unicité. C'est la vision que Moïse a demandé, à Dieu à quoi il lui a été répondu « Tu ne me verrras pas », car il ne pouvait pas supporter la vision de la pure essence divine sans être anéanti. C'est la vision qui sera donnée à Mohammad. Dans le soufisme c'est l'étape ultime celle du *fanâ'** absolu.

WAHHÂBISME

Confrérie *hanbalite** fondée par Mohammad b. 'Abd al-Wahhâb. Son histoire est liée à celle de la dynastie saoudienne qui identifia sa lutte politique aux destinées de la prédication wahhâbite.

Moh. 'Abd al-Wahhâb est né dans le Najd, à 'Uyayna, en 1703 (1115h.), dans une famille de jurisconsultes hanbalites. Il fit ses études à Médine sous la direction d'un maître influencé par ibn Taymiyya, puis voyagea en Orient jusqu'à Qomm où il semble avoir eu des élèves. Il revint en Arabie vers 1739, à Huraymla où son père s'était établi. Il groupa, là, des élèves et rédigea son premier grand ouvrage, le *Kitâb al-tawhîd*. Il quitta cette ville à cause de l'opposition très forte qu'il y rencontra et retourna à 'Uyayna, d'où il fut expulsé. Il alla alors dans la ville de l'émir Mohammad b. Sa'ûd, Dar'iyya, et conclut un pacte avec celui-ci, en 1744. Ce pacte instaurait un État saoudite, cautionné par l'autorité religieuse de Moh. 'Abd al-Wahhâb, comme bras armé de la confrérie wahhâbite.

La doctrine wahhâbite est strictement hanbalite ; elle puise ses idées principalement chez le théologien ibn Taymiyya. Elle est fondée sur une interprétation rigoureuse du *tawhîd**, l'affirmation de l'unité divine, qui lui permet de condamner pour associationnisme tous ses adversaires. Elle vise à instaurer un État islamique sunnite sur l'ensemble du monde arabe, fondé sur l'application stricte de la *sharî'a**. Celle-ci doit être expurgée de toutes les innovations, tout ce qui n'est pas contenu dans le Qor'ân et la sunna qui sont les seules sources de droit acceptées. La confrérie doit combattre militairement toutes les déviations de l'islâm, le shî'isme, le soufisme, mais aussi la théologie apologétique sunnite et surtout le culte des saints. Le *jihâd** sera l'expression de la volonté wahhâbite de retrouver la pureté de l'islâm perdue. Pour lutter contre le soufisme, les livres mystiques seront détruits, les congrégations ne pourront plus se constituer ; pour lutter contre le culte des saints, on détruira les mausolées, comme ce fut le cas au cimetière de Médine, après sa conquête en décembre 1925. Il y eut trois royaumes saoudites successifs jusqu'à l'époque contemporaine.

Moh. b. 'Abd al-Wahhâb demeura le conseiller de 'Abd al'Azîz, après la mort de son père Moh. b. Sa'ûd en 1765. Celui-ci avait commencé la conquête du Najd, mais c'est 'Abd al-'Azîz qui prit Riyâd en 1773 et qui unifia le Najd. Il menaçait l'Irâq alors ottoman et le 21 avril 1802, pour la fête de Ghadîr Khomm il attaqua la ville shî'ite de *Kerbelâ'**, où il pilla le mausolée de l'Imâm *Hoseyn**. A cause de cette profanation, un shî'ite l'assassina le 4 novembre 1803. L' apogée de cet État se situe sous le règne de Sa'ûd b. 'Abd al-'Azîz qui conquit pratiquement toute l'Arabie centrale. C'est Mehmet 'Alî, le vice-roi d'Egypte qui reçut l'ordre de la Porte de mettre fin aux agissements de l'État wahhâbite. En 1818, au terme d'une longue campagne, le roi 'Abd Allâh fut pris dans son dernier repaire Dar'iyya et fut décapité par les Ottomans à Istanbul le 17 décembre 1818.

En 1821, un cousin de Sa'ûd, l'émir Turkî s'installa à Riyâd et tenta de reconstituer le royaume. Il put étendre ces possessions peu à peu jusqu'au golfe persique, mais une tribu, les Banû Rashîd qui montait en puissance appuyée par les Ottomans, détruisit ce second royaume en prenant Riyâd en 1884. Le roi saoudite s'enfuit à Koweit.

C'est le roi 'Abd al-'Azîz qui en 1901 reprit Riyâd et reconquit progressivement le Najd. En 1912, il fonda le mouvement des ikhwân, les frères ; c'étaient des bédouins fidèles à la dynastie, regroupés en colonies agricoles dans l'idéal ascétique du premier islâm, et toujours disponibles pour la guerre sainte. C'est eux qui furent les troupes de la conquête saoudienne de l'Arabie. En 1921, ils prirent l'ensemble du Najd, en octobre 1924, la Mekke, le 5 décembre 1925, Médine et enfin Jedda le 23 décembre. Le mouvement des ikhwân entra peu à peu en dissidence contre le nouvel État qui n'appliquait pas à la lettre la doctrine wahhâbite ; il fut définitivement écrasé en 1929, lors d'une révolte. Il reste encore vivant dans ses aspirations, et l'attaque de la mosquée de la Mekke en 1979 lui est lié.

WAHÎ

Terme qorânique désignant le mode de perception visionnaire propre aux prophètes envoyés, la communication divine. La théorie de la connaissance est liée à l'angélologie. Le médiateur de la connaissance entre Dieu et les hommes est l'ange de la révélation, Gabriel (voir Rûh al-Qods*). Le wahî est un des modes de connaissance délivrés par l'ange de la révélation au cœur du croyant. Il est le sommet de ces modes de connaissance. Le wahî est la connaissance accompagnée de la vision, à l'état de veille, de l'ange qui projette cette connaissance. Le wahî permet d'établir une hiérarchie initiatique parmi les prophètes. Le prophète-envoyé est celui qui, accompli dans le cadre de la *walâya* est doué de cette perception visionnaire particulière. Le wahî est le propre de la communication divine au prophète-envoyé, le *ilhâm** étant réservé aux prophètes simples ou Imâms, le *kashf* au mystique.

Le wahî est réservé aux deux catégories de prophètes supérieures ; 1. le nabî morsâl, le prophète envoyé qui n'institue pas une nouvelle sharî'a*, et 2. le rasûl*, le prophète législateur (ils sont au nombre de six ou sept si on inclut David). Cette conception s'autorise d'un verset qorânique (42:50-51): « Il n'est pas donné à un mortel que Dieu lui parle, sinon par la révélation (wahî), ou de derrière un voile, ou en envoyant un prophète afin qu'avec Sa permission il lui révèle ce qu'Il veut. Il est Sublime et Sage. » En fait ce que le prophète-envoyé perçoit c'est l'épiphanie de son propre être, la haqîqa mohammadiyya*, la Vérité mohammadienne éternelle qui éclot en prophétie législatrice.

Ce type de connaissance est opposé à la connaissance par le 'aql, la raison du philosophe, et le naql, la connaissance théologienne des traditions, en ce que ces deux savoirs sont le résultat d'un effort intellectuel et d'un apprentissage auprès d'un maître visible. Néanmoins le 'aql est de deux sortes et ne peut se réduire à la simple raison ; il y a le 'aql inné qui prend son origine dans l'intelligence agente, l'Esprit-Saint, Gabriel, et celle qui est acquise par l'effort personnel ; celle-ci ne peut valoir que si ses connaissances sont exhaussées au dévoilement par la première.

WALÂYA

La walâya est l'idée centrale du shî'isme, celle qui est à son origine et qui lui est propre. La walâya c'est l'héritage spirituel du prophète, l'ésotérique de la prophétie ; c'est la haqîqa*, la vérité, de la Sharî'a*, la Loi qu'instaure le Prophète. A toute mission prophétique succède une walâya particulière qui en maintient le sens et la garantit. Cette walâya est une prophétie secrète qui maintient la prophétie du prophète-envoyé ; elle ne prend le nom de walâya que lorsqu'elle se révèle entièrement pour ce qu'elle est par la dernière prophétie, celle de Mohammad. C'est un cycle secret et récurrent comme la prophétie.

Il y a donc deux walâya. Une walâya partielle pour chaque prophète, qui a son initiateur et son terme qui prépare l'avènement de la nouvelle prophétie ; et une walâya universelle qui accomplit le sens de toutes les autres, et l'ésotérique de la prophétie universelle. La walâya particulière de Mohammad est achevée par le XIIᵉ Imâm, le Mahdî*, tandis que le sceau de la walâya universelle est 'Alî*, le 1ᵉʳ Imâm, en tant qu'il établit la dernière walâya. Celle-ci révèlera son sens complet lors de la parousie du XIIᵉ Imâm, le Résurrecteur, le Maître du Temps, qui révèlera alors les Vérités Spirituelles de la Prophétie Absolue.

La walâya est la permanence de l'enseignement des réalités spirituelles à une élite ; elle fonde une gnose permanente et les Imâms sont les maîtres du ta'wîl*, l'herméneutique spirituelle. Elle est la religion d'amour (mahabba), qui reconduit à la haqîqa mohammadiyya*, comme premier créé, théophanie intégrale, acte d'amour de Dieu inscrite dans sa création même et qui en attend l'attestation. Elle recèle donc le secret du trésor caché et de la création. La walâya est ce par quoi la création est ramenée à son créateur pour l'attester. La prophétie est la descente progressive de la révélation, la manifestation de l'amour divin qui s'épiphanise comme présence à tous les plans ; la walâya est le mouvement ascendant qui reconduit l'amour divin à son origine le Seigneur. Les Imâms sont les plans successifs de remontée de l'essence divine épiphanisée jusqu'à ce qu'elle s'atteste elle-même dans son unité essentielle, dans la réalité prophétique intégrale. C'est pourquoi la walâya est le dépôt divin confié à l'homme lors du mithâq et qu'il doit assumer. Il doit assumer ce trésor déposé en lui en étant le support des noms et des attributs divins dans la personne des Imâms.

Pour les ismaéliens la supériorité de la walâya sur la prophétie, de l'ésotérique sur l'exotérique fonde la supériorité de l'Imâm sur le Prophète, ce n'est pas le cas dans l'imâmisme. Il y a trois étapes successives (voir Prophétie), le plan de la Vérité, haqîqa*, de la voie mystique, tarîqa*, et de la prophétie, sharî'a*. Le premier plan est typifié dans la figure de 'Alî* (la lettre 'ayn), le second dans Salmân (la lettre sîn), le troisième dans Mohammad* (mîm). Les ismaéliens établissent donc une hiérarchie qui subordonne le Prophète à son initiateur dans la voie mystique, Salmân, et celui-ci à l'Imâm. Chez les imâmites, si le rapport entre les trois plans est envisagé de la même façon, cela n'a pas les mêmes conséquences sur les personnes du Prophète, de l'Imâm et du saint, car le Prophète est à la fois Imâm (walî) et initié dans la voie mystique, quoique sa mission consiste uniquement à révéler le Livre saint, à fonder la sharî'a.

La walâya fonde une deuxième walâya qui est la dévotion pour celle des Imâms, et qui est la recherche de la participation à celle-ci. Le concept soufi de la wilâya, la sainteté, prend sa source dans la walâya des Imâms. Il s'agit de la succession des états sanctifiant des soufis. Mais elle est envisagée sans la walâya des Imâms.

WELÂYAT-E FAQÎH

Le « gouvernement du juriste-théologien » est la théorie politique qu'a développée l'imâm Khomeynî et qui est appliquée dans la République islamique d'Iran. La pensée politique dans le shî'isme est conditionnée par l'absence de l'Imâm. La légitimité de la direction de la communauté relève en principe exclusivement de lui, néanmoins, en son absence se pose le problème d'assurer aux croyants une direction politique conforme aux principes de l'islâm. Le shî'isme a toujours fait face à la répression jusqu'à ce qu'il soit garanti par un État. C'est la dynastie safavide qui a fait au début du XVIe siècle du shî'isme la religion de l'État. Les religieux y ont pris une place déterminante, garantissant le caractère islamique du gouvernement du fait que l'établissement de l'État était lié au messianisme shî'ite.

A l'époque moderne cette tendance s'est concrétisée dans la réflexion sur le gouvernement. Trois attitudes peuvent être déterminées. La première s'autorise de l'attitude de réserve dans le domaine politique adoptée par les Imâms pour affirmer la séparation des pouvoirs spirituel et temporel. La seconde, révolutionnaire et socialisante, envisage un imâmat populaire dans lequel la communauté devienne son propre guide ; c'est la tendance de Shari'atî, de l'âyatollah Tâleghânî et de Bani Sadr. La troisième est celle de l'imâm Khomeynî, qui est classique. La légitimité politique réside en Dieu seul ; la *sharî'a** est l'expression du gouvernement de Dieu, et elle est explicitée par les juristes. Le gouvernement doit donc revenir aux juristes-théologiens puisqu'ils fondent son exercice sur la Loi. Ce sont les plus aptes à guider la communauté dans l'accomplissement de son destin spirituel.

Dans la pratique du gouvernement islamique, le welâyat-e faqîh est défini par la constitution de la république et par la jurisprudence de l'imâm Khomeynî. Son pouvoir est en fait singulièrement limité. Il ne gouverne pas, mais il inspire une politique en donnant son opinion ou en promulguant des fatwa sur les sujets importants. Constitutionnellement il est le chef de l'ensemble de la *Umma**, et non de l'Irân seul ; il n'est donc pas nécessairement iranien. Il est nommé par un conseil des experts religieux. Le gouvernement est assuré par une assemblée élue au suffrage universel, et dont les pouvoirs s'étendent à l'exécutif ; son président est l'hojjatol-Eslâm Rafsânjani. Un président de la République élu, Khâmene'î. L'âyatollah Montazerî, en tant que successeur de l'imâm, assure le maintien des idéaux révolutionnaires et leur diffusion. En plus, un certain nombre d'institutions assurent le fonctionnement de l'administration islamique dans tous les domaines.

WISÂL

Wisâl est l'union mystique entre Dieu et le croyant que vise le soufisme à travers les états spirituels. La compréhension de cette union mystique a évolué dans le soufisme. L'union est vécue comme une connaissance mystique, une sagesse, *ma'rîfa**. La première étape du soufisme est celle que l'on nomme usuellement wahdat al-shohûd, le monisme testimonial.
L'expression date du XVIe siècle et vise à différencier cette attitude de celle, plus tardive, du « monisme existentiel ». C'est une démarche individuelle formée par le désir d'approfondir le donné de la foi. L'union avec Dieu est un acte d'amour tel que le croyant doit se découvrir seul face à l'absolu divin impénétrable. Le croyant réalise l'union à Dieu à travers la science des cœurs qui, par des étapes bien définies, dispose à recevoir les grâces divines. L'étape suprême est celle où le mystique devient le témoin qui atteste son Dieu par la parole, le shath, la locution théopathique, dans laquelle Dieu se dit lui-même par la bouche du mystique. Le mystique par l'annihilation, *fanâ'**, de sa réalité individuelle, devient un témoignage vivant ; il est investi de la surexistence par le témoignage divin lui-même. Cette union c'est le *tawhîd**, l'attestation de l'unique par l'unique.
La deuxième grande attitude date du XIIIe siècle et est inaugurée dans le soufisme par *ibn 'Arabî**. C'est, selon l'expression de ses adversaires, la wahdat al-wojûd, le « monisme existentiel ». L'union à Dieu est un retour qui correspond à la descente de l'épiphanie divine à travers les stations de la présence, les maqâmât (voir *Maqâm*) ; c'est un *tawhîd** différencié entre l'essence divine qui demeure cachée et la théophanie dans laquelle elle se connaît. La perfection du croyant est la condition de l'union. Dieu n'est connaissable que comme théophanie

et il appartient au croyant de se créer comme théophanie, de devenir son dieu. L'union mystique est la réalisation créatrice de la bi-polarité de la création à la fois Dieu et créature, *haqq** et *khalq*. Cette union est le résultat de la création par le cœur de l'amant de l'image théophanique, son aimé, qui elle-même engendre son adorateur dans son acte d'attestation, son amant. Cette union réalise le projet créateur dans ses virtualités préé-ternelles posées dans le *mithâq*, le covenant. Elle actualise la compassion divine en lui donnant forme théophanique. Il ne s'agit donc pas d'une fusion entre la divinité et le croyant, mais d'une co-appartenance dans l'amour mutuel du seigneur pour son serviteur et de celui-ci pour son seigneur que sa prière épiphanise

WOJÛD

Wojûd désigne dans la philosophie et la spiritualité islamiques, l'être. Les questions soulevées par le concept d'être sont parti-culièrement complexes car elles doivent être insérées dans le contexte de la révélation qorânique. Trois grands problèmes apparaissent de façon déterminante. La première question relative à l'être est celle de l'unicité divine.

On établit usuellement la distinction entre wojûd et mawjûd (participe passif, littéralement le fait être, et non l'étant qui tient par lui-même dans la présence), l'être et l'étant. La formule de foi musulmane « Il n'y a de Dieu que Dieu », méditée par les spirituels conduit à penser l'être comme le statut divin par rapport à sa créature : « Il n'y a que Dieu à être », « laysa fî'wojûd siwâ'l-Haqq ». C'est le concept de *wojûd mo-tlaq*, l'être absolu, tel que l'exprime le *tawhîd**. Cette compré-hension de l'être à la lumière du créateur s'autorise du Qor'ân (55:26-27) qui affirme la néantisation de tout sauf de « la Face Divine ». L'étant ne tire son être que de Dieu qui le crée en mettant l'être à l'impératif, par la Parole : « Sois ! ». Il ne conserve cet être que parce que la création est récurrente, a lieu à chaque instant.

Le monde de l'étant est donc l'impératif divin réalisé, il n'a pas de subsistance propre. La subordination totale de la créature à l'acte divin par lequel elle est est l'affirmation de l'unité divine elle-même. On aboutit ainsi à ce qui semble être une identité indistincte entre l'être absolu et les étants, mais la création est interprétée en termes de théophanie qui est une nouvelle unité distincte dans la forme mais non dans l'être ; elle est une unité distincte par la configuration, mais non une unité ontologiquement distincte de l'unité divine.

Cette question en entraîne une autre, à savoir comment concevoir l'être divin. La question est de savoir s'il faut identifier le *wojûd motlaq*, l'être absolu, et le *wojûd al-haqq*, le seul vrai être. Deux grandes tendances se partagent sur cette question. La première, représentée par la tradition philosophique et le soufisme en partie, considère Dieu comme le premier être à être ; on l'identifie alors à un super-étant, la Lumière des lumières d'où émane l'intelligence universelle et les étants successifs sur leurs plans d'être respectifs. Le wojûd al-Haqq est identifié au wojûd motlaq. L'autre tendance est représentée par la gnose ismaélienne et imâmite, en partie. Elle sépare les deux à partir d'une réflexion sur l'acte créateur lui-même tel qu'elle peut l'interpréter à partir du verset qorânique où il est dit : « Ils t'interrogent sur l'Esprit ; Réponds : l'Esprit procède de l'impératif de mon Seigneur. » Ils distinguent dans cet impératif la source de l'impératif, le faire être qui ne peut que transcender l'être et l'acte même de l'impératif par lequel l'impératif est fait être. Ils distinguent donc d'une part le wojûd al-Haqq, le vrai être qui n'est pas lui-même de l'être, et le premier étant l'impératif qui se prend lui-même comme objet de son acte, le wojûd motlaq ; celui-ci dans la prophétologie est identifié à la Lumière des lumières, la réalité prophétique primordiale, la théophanie intégrale qui procède ensuite le long de l'arc des descentes jusqu'à l'épiphanie terrestre dans le temps et qui doit remonter jusqu'au principe, par la *walâya**.

C'est ce qui conduit à envisager sous un jour nouveau le statut ontologique de la créature. Mollâ Sadrâ Shîrâzî reconsidère le primat accordée à l'essence sur l'être dans la philosophie ; l'existence est déterminée par les essences éternelles et immuables. Chez Mollâ Sadrâ l'essence est conditionnée par l'acte d'être, elle n'est rien tant qu'elle n'est pas mise à l'impératif ; par suite l'essence n'est pas posée avant son acte d'être et elle est conditionnée par la croissance de l'être qu'elle est dans la totalité des univers ; elle se crée son propre corps de résurrection et donc aussi son paradis ou son enfer.

Y-Z

YAQÎN

Yaqîn désigne la certitude intérieure conférée par une grâce divine. Le terme yaqîn a été tiré du Qor'ân, et utilisé dans le soufisme, c'est la succession des états de connaissance béatifiante. Les expressions 'ilm al-yaqîn, et 'ayn al-yaqîn sont tirées respectivement du Qor'ân, 102:5 et7. Il y a trois types de certitude. 1. La certitude théorique, 'ilm al-yaqîn, qui correspond à un savoir acquis, le degré le plus bas de la connaissance, celui de l'extérieur, *zâhir* ; 2. La certitude oculaire, 'ayn al-yaqîn, par laquelle nous sommes témoins de la chose, nous faisons l'expérience de ce qu'elle est ; c'est l'expérience de l'ésotérique de la chose, *bâtin** ; 3. La certitude réalisée, haqq al-yaqîn, qui est un savoir de la chose actualisé dans le témoin ; celui-ci devient la chose connue elle-même et se connaît dans cette « union »* ; c'est l'expérience de l'ésotérique de l'ésotérique, *bâtin al-bâtin*.

ZAKÂT

« L'aumône légale » est une des cinq obligations légales, les piliers de l'islâm. C'est une aumône obligatoire. Elle constitue dans la *sharî'a**, strictement parlant, le seul impôt exigible du musulman. Pour les *dhimmis** l'impôt correspondant est la jiziya. En plus du mot zakât qui comprend l'idée de purification, le Qor'ân utilise le mot sadaqa, évoquant la notion de justice. La zakât et la sadaqa purifient le croyant et accroissent les biens dans l'autre monde pour celui qui s'en acquitte. La tradition, se fondant sur le Qor'ân distingue la zakât, aumône obligatoire, de la sadaqa, aumône volontaire. L'idéal social islamique se concentre dans ce devoir de piété qui consiste à secourir le nécessiteux ; *'Alî**, le gendre du Prophète ira même jusqu'à limiter le maximum de fortune autorisée.

C'est le premier khalife, Abû Bakr, qui a fixé le premier les règles de la zakât, le Qor'ân demeurant parfois obscur sur ce point. Dans les Etats modernes, l'impôt de type occidental a remplacé la zakât, et celle-ci tend donc à prendre l'aspect d'une aumône surérogatoire. La pensée islamiste voit dans l'institution de la zakât un impôt sur le revenu qui a pour but une redistribution des rîchesses à vocation égalitaire ; la réflexion sur la zakât fonde pour les islamistes [voir *Qotb (Sayyed)*)] un véritable socialisme islamique.

ZAMÂN

La conception du temps est dominée dans la spiritualité islamique par l'interrogation sur l'articulation du temps de la mission prophétique et du temps objectif. La question est de savoir comment la Parole de Dieu se manifeste dans le temps des hommes. A cette interrogation des réponses différentes sont données. Mais le principe est toujours de comprendre le temps du monde dans le cadre de la révélation et du pacte prééternel passé entre Dieu et Adam. Le temps est une histoire ascendante rythmée par les prophéties dont le sens est donné par la dernière, celle de Mohammad qui annonce sa résorption.

Chez les motakallimûn, les théologiens, ont abouti à une négation du temps. Celui-ci est dominé par la notion de l'instant qui est propre à la création divine, Dieu crée à chaque instant, mais sa création n'est que l'assemblage d'atomes qui seuls existent réellement. Tout ce qui paraît réel n'est qu'accident, en particulier la durée, composition fortuite d'instants. Ainsi le temps n'a pas de réelle existence ; l'irréversibilité du temps n'est que l'effet de la priorité donnée par Dieu à tel événement sur tel autre. Le temps est dissous dans l'espace, lui-même composé accidentel et récurrent d'atomes. Ces accidents viennent s'adjoindre au cœur, lui-même un atome, et voilent sa perception des choses réelles. Seule réalité, les grâces ou, dans le soufisme, les états introduits par Dieu dans le cœur de l'homme.

Deux principes généraux sont au cœur de la conception du temps dans la spiritualité en islâm.

1. La distinction entre un temps objectif, extérieur, et un temps de l'âme, interieur. Le temps est toujours envisagé du point de vue de l'espace. Ce qui l'exprime c'est un site, celui de la vision des événements du ciel. Le premier est appelé « zamân âfâqî », temps du monde des événements historique ; c'est le temps diachronique, mesuré par les révolutions des astres. Il est aussi parfois appelé zamân kathîf, temps opaque, pace que c'est le temps des êtres matériels. Il n'a de sens que parce qu'il est la

chute dans l'histoire extérieure du temps de l'âme, le zamân anfosî.

Celui-ci est un temps qualitatif, celui des événements de l'âme ; il est purement synchronique, et c'est le temps vrai, celui du monde imaginal, des théophanies plus réelles que le monde objectif. Ce temps est aussi appelé zamân latîf, subtil. C'est le temps du Seigneur, dont il est dit dans le Qor'ân qu'un de ses jours est comme mille ans du temps objectif. Il correspond au monde du *malakût*, le plan des âmes. Au-dessus de lui peut être placé un temps dit zamân altaf, qui est celui des intelligences chérubiniques, le plan du *jabarût*. Cette double temporalité constitue un projet existentiel, celui de convertir pour le croyant son temps extérieur en un temps intérieur.

2. Le temps considéré dans l'horizon de l'histoire prophétique. Le temps est rythmé par ses deux arcs, l'un descendant, l'autre remontant. L'arc descendant est celui du *tanzîl*, celui de la création qui correspond au désir qu'a Dieu de se faire connaître. C'est la descente de la Lumière mohammadienne, la première créée, qui s'épiphanise sur tous les plans de présence. Elle s'épiphanise progressivement dans les douze voiles de lumière qui sont les mondes respectifs de chacun des douze Imâms, jusqu'à apparaître au temps du monde et s'accomplir avec la prophétie de Mohammad. A cette descente théophanique, la prophétie, succède une remontée qui est la *walâyat** des *Imâms** et qui s'achève par le retour du temps du monde au malakût par la parousie du XIIe Imâm, le Résurrecteur. Le temps devient en fait un monde synchronique dans lequel les événements sont placés selon leur importance dans le malakût et non selon leur succession irréversible ; il se spatialise en une terre spirituelle, celle de la résurrection.

Le temps selon le shî'isme ismaélien

Dans le shî'isme ismaélien le schéma est différent de celui-ci, quoiqu'il s'en rapproche. Le temps apparaît au cours d'un drame céleste. La création est une émanation des intelligences, des formes de lumière, à partir de l'intelligence universelle. La deuxième intelligence appelle les autres à attester leur Seigneur, mais la troisième, l'Adam spirituel, veut attester Dieu sans l'intermédiaire de l'intelligence qui le précède. Lorsqu'il revient à lui pour attester son Seigneur, il a été précédé par les intelligences inférieures, les sept chérubins et est donc tombé au dixième rang. Ce retard qu'il a pris sur les autres, c'est le temps, c'est le projet qui est le sien de retrouver son rang dans le plérome, et il est mesuré par le chiffre sept, d'où les sept imâms. L'Adam céleste crée alors le cosmos pour permettre aux formes de lumière qui le compose de retrouver leur position. Le premier Adam terrestre, immaculé, est l'initiateur de la hiérarchie spirituelle dont les cycles à chaque fois qu'ils s'achèvent font monter l'Adam céleste au plan supérieur. A chaque cycle d'épiphanie succède un cycle d'occultation, et ils alternent ainsi jusqu'à la fin des temps où a lieu la Résurrection des Résurrections qui se produit à la fin de « la nuit du destin », et qui reconduit l'Adam céleste à son véritable site. Le temps est ainsi absorbé par l'abolition du retard initial.

Achevé d'imprimer en mai 1989
sur les presses de
l'Imprimerie Carlo Descamps
à Condé-sur-l'Escaut
Dépôt légal : septembre 1988
N° d'imprimeur : 5805
N° d'éditeur : 434